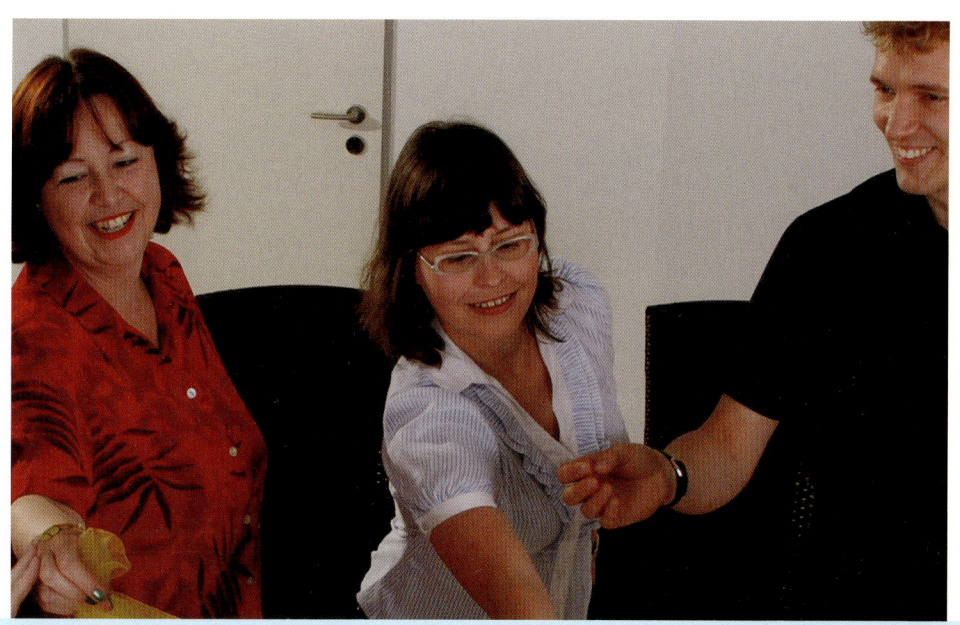

Munterbrechungen

22 aktivierende Auflockerungen für Seminare und Sitzungen

| Harald Groß |

SCHILLING | VERLAG

Lektorat:
Erdmute Otto, Neu Darchau / Drethem

Korrektorat:
Rita und Siegbert Groß, Bodnegg
Johanna Adamová, Berlin

Fotos: Olaf Merker, Berlin

Covergestaltung: Nikolaas Boden, Berlin

Layout: Angelika Wolpert, Berlin

Harald Groß: Munterbrechungen®
22 aktivierende Auflockerungen für
Seminare und Sitzungen

Gert Schilling Verlag, Berlin 2010
ISBN 978-3-930816-20-0
Alle Rechte vorbehalten
www.schilling-verlag.de

Orbium Seminare Berlin
www.orbium.de

**Ein Methodenbuch für alle
Leserinnen und Leser**

Selbstverständlich wendet sich dieses Buch
an weibliche wie männliche Leser. Der Ein-
fachheit halber werden im Text – neben
neutralen Begriffen wie »Teilnehmende«,
»Lernende« oder »Lehrende« – häufig nur
die männlichen Formen benutzt, wenn von
Referenten/Referentinnen, Moderatoren/
Moderatorinnen, Lehrern/Lehrerinnen oder
Kollegen/Kolleginnen die Rede ist. Dabei ist
selbstverständlich vorausgesetzt, dass die
weibliche Form stets mitgemeint ist.

Inhalt

Inhalt

Inhalt

Herzlich willkommen!

Hallo und guten Tag,

herzlich willkommen am Beginn Ihres neuen Methodenbuches. Ich freue mich, dass Sie sich für **muntere Unterbrechungen** interessieren und wünsche Ihnen vergnügliche und lehrreiche Stunden bei der Lektüre und beim Ausprobieren.

Eine gute Nachricht vorweg: Hier geht es nicht um Unterbrechungen, die im Arbeitsalltag so oft stören, sondern um etwas rundum Erfreuliches:

Die **Munterbrechungen**, das sind eine Vielzahl von kurzen, oft ganz einfachen Aktivitäten, mit denen Sie Seminare und Konferenzen immer wieder unterbrechen und die Lernenden überraschen können. Es geht ganz schnell – höchstens 7 Minuten, oft nur 3 oder 4.

Für kurze Zeit steigen Sie mit den Teilnehmern aus dem regulären Seminarprogramm aus. Alle stehen auf, meistern eine gemeinsame Herausforderung, bringen die vom langen Sitzen trägen Körper wieder in Bewegung. Und viel gelacht wird dabei meistens auch.

Manchmal gibt es zwischen diesen Unterbrechungen und dem Kursthema sogar eine sinnvolle inhaltliche Verbindung. In erster Linie aber helfen die eingeschobenen Übungen dabei, die Arbeits- und Lernfähigkeit der Teilnehmer im Laufe der Veranstaltung zu erhalten und zu stärken. Sie bringen viel Freude in den Lernalltag und tragen so zum Gelingen von Seminaren und Konferenzen bei.

Die hier vorgestellten Munterbrechungen haben viele Urheberinnen und Urheber. Irgendwo und irgendwann in den letzten gut 20 Jahren sind mir eine ganze Reihe der kleinen Muntermacher in Seminaren und Veranstaltungen begegnet. Über andere habe ich gelesen, von wieder anderen haben mir Kollegen und Freunde erzählt. Diejenigen, die mich besonders faszinierten, habe ich aufgegriffen und in meinen Kursen erprobt. Manche wurden unverändert zu »Rennern«, andere erst durch ein paar Variationen. Und viele der Munterbrechungen sind mitten im Seminar, mitten in der Veranstaltung spontan entstanden. Ich danke allen Teilnehmerinnen und Teilnehmern für das muntere Ausprobieren und Mitmachen.

Auch mir selbst macht Lernen und Arbeiten auf diese Art viel mehr Spaß. Ich bin dankbar dafür, dass meine Professoren, Lehrer, Gruppenleiter und Kollegen mich als Lernenden während meiner Ausbildung immer wieder mit

Unterbrechungen beschenkt haben. Damit sorgten sie in den Seminaren kurzfristig für eine gute Lernatmosphäre. Langfristig haben sie mit zu dieser Sammlung beigetragen. Und also auch dazu, dass noch mehr Lernende und Lehrende in den Genuss freudigen Lernens und Arbeitens kommen können. Herzlichen Dank!

Bevor Sie ins Buch eintauchen, hier noch ein paar Hinweise zu Ihrer Orientierung:

Ab Seite 41 finden Sie im Hauptteil des Buches die Beschreibung der **22 Munterbrechungen**. Sie werden mit einfachen, verständlichen Worten erklärt, damit Sie und Ihre Teilnehmenden möglichst wenig Zeit verlieren. Immer wieder spreche ich Sie dabei an, als ob Sie bei mir im Seminar säßen oder in einer Sitzung, die ich moderiere.

Die Texte meiner »Seminarstimme« sind blau gesetzt.

Diese Trainertexte können Sie als unterstützende Vorlage für Ihre Erklärungen in Ihren Kursen nutzen. Damit Sie sich auch lebendige Vorstellungen von den Munterbrechungen machen können, gibt es zu allen beschriebenen Wegen viele Bilder.

Haben Sie schon ein wenig im Buch geblättert? An der einen oder anderen Stelle haben Sie vielleicht geschmunzelt. Es könnte aber auch sein, dass so manche Munterbrechung Sie auch ein wenig irritiert hat: »Schwer vorstellbar, dass ich so etwas Schräges in meinen Gruppen mache!«, haben Sie möglicherweise gedacht. Tatsächlich sind einige der Munterbrechungen durchaus ungewöhnlich. In vielen Kontexten sind sie daher sicherlich fehl am Platz. Wichtig ist, für die jeweilige Situation die passende Munterbrechung auszuwählen. Im ersten Teil des Buches **Über die Munterbrechungen** finden Sie nützliche Hinweise zu Wirkungen, Dosierung, Auswahl und Anleitung der Methoden. Damit – und mit Ihren Erfahrungen und Ihrem Fingerspitzengefühl – werden Sie bestimmt eine gute Wahl treffen.

Und dennoch: Für ein gesundes Maß an Irritation und Überraschung werden auch die passendsten Munterbrechungen immer sorgen. Genau darin liegt ja ihr Ziel.

Dafür ist manchmal eine spezielle Portion Mut auf Ihrer Seite gefragt. Den wünsche ich Ihnen – und viel Leichtigkeit und Freude mit den Munterbrechungen dazu!

Berlin,
im Februar 2010

Harald Groß

Vorwort
von Claudia Junker

Eine Methodensammlung, bei der es darum geht, den Lernprozess zu unterbrechen? Warum sollten wir das denn wollen? Unterbrechungen sind doch eigentlich Störungen und die sollen nun gezielt gefördert werden? Das lenkt doch nur ab vom Thema. Haben wir Zeit für »Spielchen«?

Es muss kaum erläutert werden, dass leichter lernt, wer gerne lernt. Warum also nicht Lernbedingungen schaffen, in denen die Menschen sich wohlfühlen, um den Erfolg von Seminaren zu fördern? Sind es dann noch unnütze »Spielchen«?

Wer erlebt hat, wie lange sich ein Training oder eine Tagung hinziehen kann und wie man dabei zunehmend schlaffer wird, wird sich schon gefragt haben, warum das eigentlich so sein muss. Dröger, jedoch notwendiger Stoff im Training, ein Redner nach dem anderen auf der Tagung oder einfach nicht enden wollende Powerpointpräsentationen können auch den interessiertesten Teilnehmer irgendwann mental in die Knie zwingen.

Man gibt auf, checkt den Blackberry (übrigens auch eine Form des Spielens), zeichnet Kästchen, Kreise oder kunstvolle Gebilde auf die Tagungsunterlage, spricht mit dem Sitznachbarn oder schreibt die »To-do-Liste« für den nächsten Tag. Lauter Nebenbeschäftigungen, um die Zeit bis zur nächsten Pause zu überbrücken.

Als Teilnehmende sorgen wir also selbst für Unterbrechungen, wenn es uns zu viel wird. Für die Trainer oder Moderatoren liegt die Schwierigkeit dabei darin, dass jeder Teilnehmer seine eigene Unterbrechung zu seiner Zeit einlegt. Das kann zu Unruhe führen und den Gesamterfolg des Trainings oder der Tagung beeinträchtigen.

Warum also nicht die offensichtlich notwendigen Unterbrechungen bewusst einsetzen, um den Tagungs- oder Trainingsverlauf zu strukturieren und Raum für Abwechslung und frische Energie zu schaffen? Und damit sind nicht die Pausen gemeint, in denen viele gedanklich oft weiter im Thema hängen, sondern geeignete Interventionen, um den Teilnehmenden gezielt zu helfen, ihre Aufmerksamkeit und Aufnahmefähigkeit wieder aufzubauen.

Blickt man über den Verlauf des Trainings oder der Sitzung hinaus, so setzt das Buch in einem weiteren Sinne zur richtigen Zeit einen richtigen Impuls.

Es geht bei den »Munterbrechungen« um Leichtigkeit und Freude. Beides wird immer bedeutender - nicht nur in Lernprozessen, sondern überhaupt in der Arbeitswelt. Diese wandelt sich gerade entscheidend aufgrund neuer Technologien, aber auch durch einen neuen Typus von Mitarbeiter: Sie sind gut ausgebildet und hoch motiviert. Sie trennen Freizeit und Arbeit nicht mehr scharf voneinander. Gerade deshalb erwarten sie von ihren Arbeitgebern mehr denn je interessante Aufgaben, eine positive Arbeitsatmosphäre sowie persönliche Entwicklungsmöglichkeiten.

Diese neuen »Wissensarbeiter« sind für die Unternehmen unverzichtbar, wenn diese im Wettbewerb der Innovationen bestehen wollen. Durch die demographische Entwicklung wird diese Notwendigkeit noch weiter verschärft. Der vielbeschworene »War of talents« findet schon heute statt. Gewinnen wird ihn immer das attraktivere Unternehmen.

Wenn »Munterbrechungen« in Trainings und Tagungen Leichtigkeit und Freude in die Unternehmen bringen, fördert das sowohl die Arbeitsatmosphäre als auch die Wirkung von Lernprozessen und trägt den beschriebenen Notwendigkeiten »Arbeitgeberattraktivität« und »Lebenslanges Lernen« zugleich Rechnung.

Ich wünsche diesem Buch deshalb viele Leserinnen und Leser und vor allem »Umsetzerinnen und Umsetzer«, die damit einen Beitrag zur Entwicklung einer neuen, den Menschen wertschätzenden Arbeitswelt leisten.

Claudia Junker
Talent Management & Diversity
Mercer Deutschland GmbH

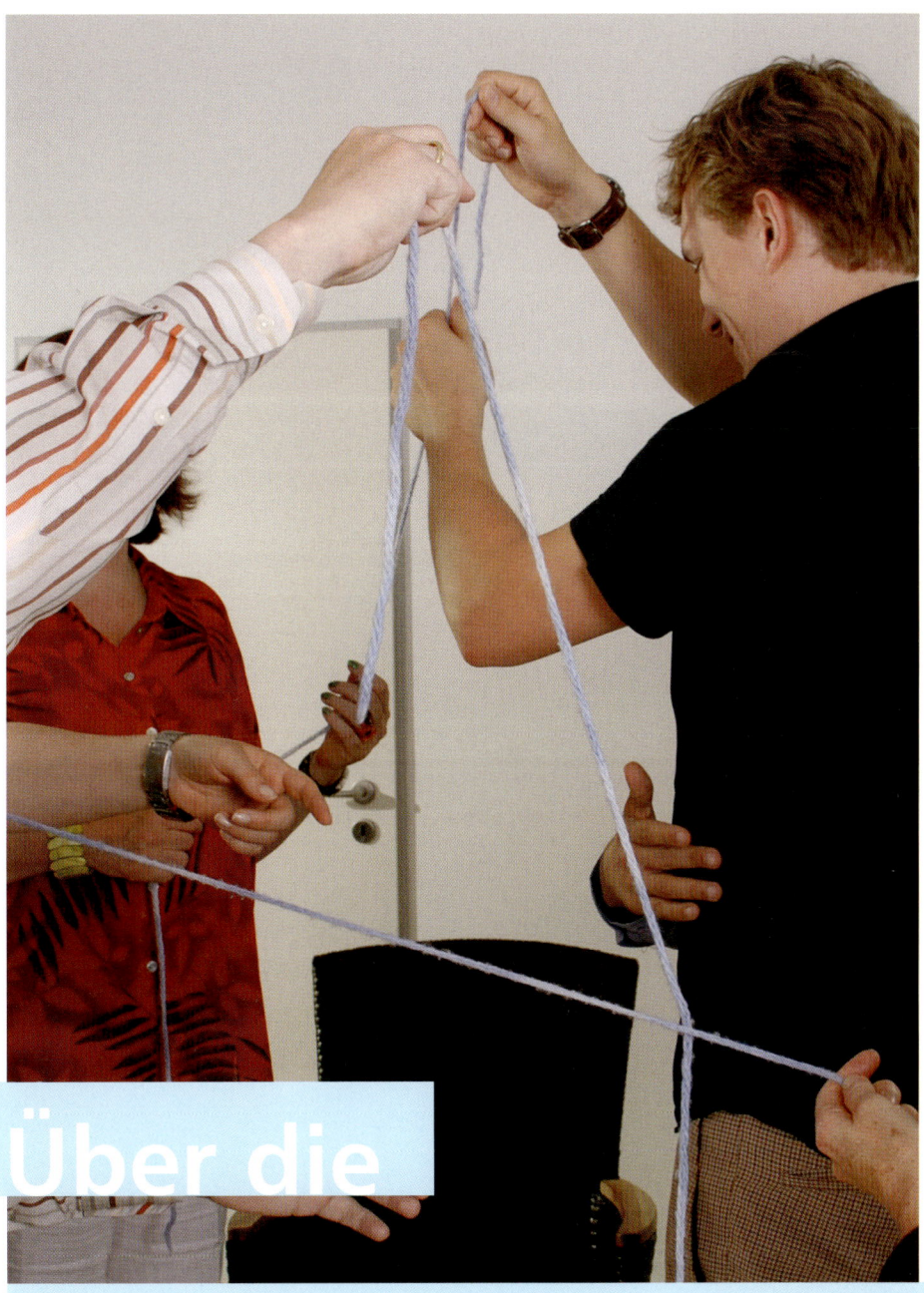

Über die
Munterbrechungen

Warum Munterbrechungen?

Gelungene Munterbrechungen sind kleine Erlebnisse für die Seminarteilnehmer. Damit Sie einen ersten Eindruck von ihrem Wesen, Sinn und Zweck bekommen, möchte ich Ihnen ein kleines, aber prägendes Erlebnis erzählen. Es wurde zur Geburtsstunde des Titels »Munterbrechungen«.

An einem Samstag vor einigen Jahren, morgens um 8.30 Uhr, übernahm ich zu Semesterbeginn an der Berliner Hochschule für Wirtschaft und Recht (HWR) eine neue Kursgruppe. Das Thema: Selbstmanagement im Studium. Es ging um Arbeitsmotivation, Lerntechniken und Arbeitsorganisation. 3 gemeinsame Lerntage im Abstand von ein paar Wochen waren vorgesehen, nichts Besonderes eigentlich. Gut 20 Studenten betraten den Raum. Nachdem ich mich vorgestellt hatte und nach einer kurzen Einführung in die Kursthemen bat ich die Studierenden, 3 Fragen zu beantworten:

- Wie heiße ich, wo komme ich her?
- Eine Besonderheit von mir?
- Welche Themen sind für mich interessant und wichtig?

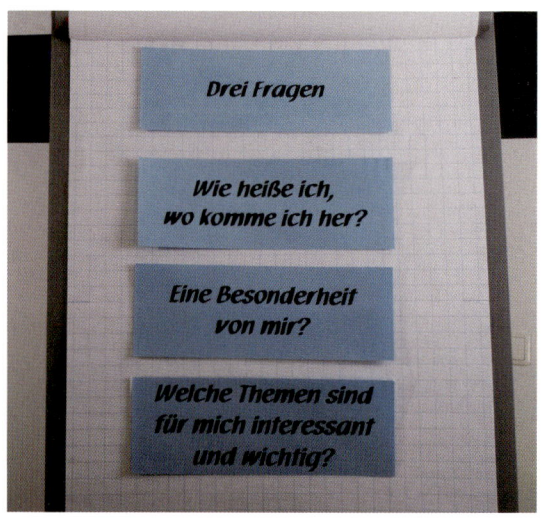

Nach kurzer Denkzeit begann die Runde. Zunächst lief es ganz gut. Dann kam eine Studentin in der Mitte des Tischhalbkreises an die Reihe. Nach einer ungewöhnlich langen Pause begann sie mit gedämpfter Stimme und ernstem Blick:

»Mein Name ist Birgit. Ich komme aus Sachsen-Anhalt und ich bin eigentlich immer gut drauf, aber nicht an einem Samstagmorgen um 8.30 Uhr. Ich bin mal gespannt, wie Sie es schaffen wollen, dass ich nicht gleich einschlafe, sondern bis 17.30 Uhr durchhalte.«

Zack! – Die Studentin hatte laut ausgesprochen, was vielleicht ein Teil der anderen Studierenden auch dachte – und was wahrscheinlich manche Lernende in vielen anderen Kursen ebenso

Warum Munterbrechungen?

befürchten. Schlagartig war es sehr still im Raum. Ein wenig Zeit für mich, um über diese ehrliche Aussage nachzudenken: »Halb neun bis halb sechs – das ist eine sehr lange Lernzeit. Was kann ich also anbieten, damit der Tag nicht so furchtbar wird, damit die Studierenden über diese lange Zeit konzentriert durchhalten, wie Birgit es formulierte?«

3 gute Bedingungen fielen mir nach all den Jahren des Unterrichtens auf die Schnelle ein:

> Unser Thema hat Bezüge zum Alltag der Lernenden. Dadurch kann es für viele von ihnen unerwartet spannend werden.

> Wir lernen und arbeiten mit den aktivierenden Munterrichtsmethoden®!

> Ich selbst bin der Erste, der Lust hat auf gute und gewinnbringende Lerntage! Also sorge ich auch dafür.

Keine schlechte Ausgangslage also, um mit dieser Gruppe heute gut arbeiten zu können. Ich wusste aber, dass ich noch etwas in petto hatte – die Studierenden konnten das natürlich nicht ahnen: Kleine Übungen zur Auflockerung, mit denen ich es ihnen und auch mir selbst erleichtern würde, über die lange Lernzeit hinweg konzentriert zu bleiben – und sogar noch Spaß an diesem Arbeitstag zu haben. Bloß hatten diese Übungen, dieses »Etwas«, noch keinen ansprechenden Namen.

Ich nannte also kurz die 3 Pluspunkte, die unser Seminar begleiteten und machte dann ein geheimnisvolles Gesicht. »Und außerdem werde ich Sie zwischendurch immer wieder mal überraschen mit etwas, was ich natürlich jetzt noch nicht verraten kann. Birgit hat völlig Recht – und viele von Ihnen werden insgeheim dasselbe befürchten. Ein starkes Thema macht noch kein gutes Seminar und vor allem kein angenehmes. Aber Sie sind ja nicht die Ersten mit diesem Problem, und ich werde dafür bezahlt, dass ich dem Lernen ordentlich nachhelfe. Heute Mittag hören wir mal kurz rum, wie die Stimmung ist. Bis dahin: Lassen Sie sich überraschen!«

Warum Munterbrechungen?

Mein (gar nicht so geheimnisvolles) Erfolgsrezept – das sind die Munterbrechungen.

> Munterbrechungen sind eine Vielzahl von kurzen, oft ganz einfachen Übungen, mit denen ich den Seminartag immer wieder unterbreche und die Lernenden überrasche. Es geht ganz schnell – höchstens 7 Minuten, oft nur 3 oder 4.
>
> Vor, zwischen und nach den Themenblöcken steigen wir kurz aus unserem regulären Seminarprogramm aus. Wir stehen auf, meistern eine gemeinsame Herausforderung, bringen unsere vom langen Sitzen trägen Körper wieder in Bewegung, wir lockern uns – und wir lachen viel dabei!
>
> Manchmal gibt es zwischen diesen Unterbrechungen und unserem Kursthema sogar eine sinnvolle inhaltliche Verbindung. In erster Linie aber helfen uns die kleinen Übungen, unsere Arbeits- und Lernfähigkeit im Laufe der Veranstaltung zu erhalten und zu stärken. Sie bringen viel Freude und Leichtigkeit in den Lernalltag und tragen so zum Gelingen der Seminare bei.

Für mich sind Munterbrechungen längst nicht mehr wegzudenken: Nicht nur in Seminaren, sondern auch bei Tagungen und Konferenzen. Als Trainer und Moderator sehe ich es als wesentlichen Teil meiner Aufgabe, dass ich für eine gute Arbeitsfähigkeit der Teilnehmenden sorge. Und dabei sind mir die Munterbrechungen eine große Hilfe! Schön, wenn auch Sie die Wege für munteren Unterricht kennen lernen und nutzen.

Ach ja, auf Seite 128 können Sie lesen, wie Birgit die 3 Seminartage – und die Munterbrechungen – erlebte ...

Wie wirken Munterbrechungen?

Das Schöne an den Munterbrechungen: Sie sind ganz einfach, sie benötigen nicht viel Zeit und gleichzeitig bringen sie, richtig eingesetzt, vielseitige positive Wirkungen in Lern- und Seminartage. Das zeigt sich auf 3 Ebenen:

Die Munterbrechungen wirken positiv …

> … auf die Lern- und Arbeitsfähigkeit des Einzelnen

> … auf die Zusammenarbeit in der Gruppe

> … auf die thematische Arbeit

1. Lern- und Arbeitsfähigkeit des Einzelnen

Immer wieder mache ich die folgende Erfahrung in meinen Veranstaltungen: Wenn ich ab und zu mit Munterbrechungen für frische Energie sorge, fällt es den Teilnehmern leichter, sich zu konzentrieren, zu lernen und zu arbeiten, und das auch über längere Zeiträume. Sie sind wacher, lebendiger – und dadurch leistungsfähiger. Wie tragen Munterbrechungen dazu bei?

Die Munterbrechungen bringen **Spaß**. Es wird gelacht, es geht einfach fröhlicher zu im Seminar. Hier kommt die alte Lernformel ins Spiel: »Ohne Emotion keine Kognition.« Was immer wir erlernen, erdenken wollen – das limbische System im Gehirn, das Zentrum unserer Gefühle, lenkt die Prozesse mit. Und wenn es uns gut geht, wenn wir mit Leichtigkeit, Gelassenheit und Freude an die Dinge herangehen können, dann fällt das Lernen und geistige Arbeiten leichter. Angst, Trägheit und meistens auch Druck dagegen erschweren es.

Die kurzen, zwischendurch eingeschobenen Munterbrechungen sorgen für **Abwechslung**. Immer wieder kommt etwas Neues, Unerwartetes. Das hält den Geist wach und so fällt es leichter, sich auf das Thema zu konzentrieren. Besonders wichtig ist dies bei lang andauernden Veranstaltungen.

15

Wie wirken Munterbrechungen?

Eine Veranstaltung mit Munterbrechungen bringt **Bewegung** in den Lern- und Arbeitstag. Immer wieder sind die Teilnehmer gefordert, aufzustehen, Arme und Hände zu bewegen, ihre Position, ihren Platz zu wechseln. Sich – gerade an langen Sitzungstagen – zu bewegen, zu strecken, zu lockern oder einfach nur tiefer durchzuatmen, tut körperlich gut. Es hilft, ohne Verspannungen, Kopfschmerzen und andere Ermüdungserscheinungen vom langen Sitzen durch den Tag zu kommen. Und dieses körperliche Bewegen erleichtert nicht zuletzt auch die geistige Beweglichkeit und Aufnahmefähigkeit.

Mit den 3 Komponenten Spaß, Abwechslung und Bewegung tragen die Munterbrechungen viel dazu bei, dass die Lern- und Arbeitsfähigkeit der Teilnehmer gestärkt und erhalten wird.

2. Zusammenarbeit in der Gruppe

Auch das Zusammenarbeiten, das gemeinsame Lernen in der Gruppe kann durch die Munterbrechungen positiv beeinflusst werden.

Zuallererst können sie gut zum besseren **gegenseitigen Kennenlernen** der Teilnehmer beitragen. Als Seminar- und Veranstaltungsprofis dürfen wir nicht vergessen, dass der Beginn von Lern- und Arbeitssituationen in Gruppen für viele Lernende auch menschlich eine Herausforderung ist. Man kennt sich nicht, man ist unsicher. Eine gut gewählte Munterbrechung in den ersten Stunden kann hier – neben dem gemeinsamen Arbeiten oder Lernen – neue Kontakte ermöglichen und auf muntere Art das Eis der Anfangssituation brechen. Immer wieder bin ich erstaunt, was eine kleine erste Munterbrechung in Gruppen bewirken kann, wie sich nach diesen wenigen Minuten das Klima, das Gefüge im Raum verändert, wie anders sich die Teilnehmer nach diesen kurzen Momenten der unproblematischen Begegnung verhalten: Vertrauter, lockerer, sicherer.

Wie wirken Munterbrechungen?

Viele der Munterbrechungen fordern für wenige Minuten ein enges und gutes **Zusammenspiel** aller Teilnehmer. Beim »A-B-C-D-Aufgabenmix« zum Beispiel ist die Gruppe aufgerufen, nach anspruchsvollen Regeln gemeinsam verschiedene Gegenstände in Bewegung zu halten, ohne dass sie herunterfallen. Spielerische Herausforderungen wie diese können ein gutes Training für die »wirklichen« Aufgaben des Zusammenarbeitens und Lernens sein.

Sich kennen lernen, zusammen spielen, miteinander lachen – die Munterbrechungen schaffen positive Verbindungen zwischen den einzelnen Teilnehmern. Sie bieten in der Veranstaltung zusätzliche Chancen, gemeinsam etwas zu erleben und als Gruppe zusammenzuwachsen.

3. Thematische Arbeit

Und auch die thematische Arbeit selbst, die auf den ersten Blick durch die kleinen Aktivitäten zwischendurch ja unterbrochen, gestört wird, kann von den Munterbrechungen sehr profitieren.

Sie bringen für kurze Zeit **Abstand** von den »ernsten« Inhalten, Fachfragen oder zu bewältigenden Aufgaben. Alle Teilnehmer können – und müssen – sich für ein paar Minuten gedanklich von der Arbeit lösen. Bisweilen beißt man sich in Seminaren oder Mitarbeitersitzungen an einer Sache fest. Die Argumente drehen sich im Kreis – man kommt nicht weiter. Da erlebe ich es immer wieder: Mit einer gut gewählten Munterbrechung kann es mir gelingen, die Leute aus der festgefahrenen Situation herauszuholen, ihren Geist, ihren Körper für ein paar Minuten auf ganz andere Weise zu fordern. Und nach diesem gewonnenen Abstand geht es leichter weiter. Auch eine kurze Pinkelpause wirkt oft ähnlich, aber unspezifischer und weniger lockernd, weil einige in der Pause natürlich am selben Thema weiterdiskutieren.

Geeignete Zeitpunkte

Und noch einen Einfluss können die Munterbrechungen auf die Arbeit am Thema haben: Häufig empfinden z. B. Studenten die Inhalte in Vorlesungen und Seminaren als anstrengend, dröge, sperrig, abstrakt. Oder manchmal fällt es Mitarbeitern einer Abteilung, eines Teams schwer, sich einer besonders umstrittenen Knackfrage zu stellen. So ist es eben. Gezielt eingesetzt, können die Munterbrechungen helfen, den Themen und Fragen einen Teil der Schwere zu nehmen und für **Leichtigkeit** zwischendurch zu sorgen.

Um bei der Arbeit am Thema Abstand und Leichtigkeit zu gewinnen – auch dazu können die Munterbrechungen beitragen.

Es sind also viele Effekte, die Sie mit den Munterbrechungen erzielen oder verstärken können. Wenn ich in Seminaren oder bei Teamsitzungen kleine, oft ganz einfache Munterbrechungen zwischen den Programmteilen einschiebe, denke ich oft an den Spruch: »Kleiner Hebel, große Wirkung.« Mit wenig Aufwand, mit meist ganz simplen Mitteln, lässt sich die Lernatmosphäre, die Arbeitslust und die Arbeitsweise oft spürbar und nachhaltig zum Positiven verändern. Das ist schön!

Geeignete Zeitpunkte

Gibt es im Laufe eines Seminartages, einer Vorlesung oder einer Teamsitzung besonders gute Momente für eine Munterbrechung? Wann passt es – und wann passt es nicht?

Eindeutig lässt sich diese Frage natürlich nicht beantworten – dafür sind Lern- und Arbeitssituationen in Gruppen viel zu komplex. Einige typische Momente jedoch bieten sich im Laufe einer Veranstaltung besonders gut für eine kurze Munterbrechung an.

Auf den nächsten Seiten können Sie über solche Momente und ihre Besonderheiten Genaueres erfahren. Dazu stellen wir uns einen Fall aus der Praxis vor: Ein zweitägiges Fachseminar mit dem Thema »Einführung in psychiatrische Krankheitsbilder und Handlungsstrategien«.

Zu 6 verschiedenen Zeitpunkten leitet die Dozentin eine Munterbrechung ein.

Wahrscheinlich merken Sie gleich beim Lesen, wenn solche oder ähnliche Momente in Ihren Kursen und Veranstaltungen vorkommen. Überlegen Sie, ob auch bei Ihnen eine kurze Munterbrechung für neue Energie sorgen könnte.

Geeignete Zeitpunkte

1. Eine Etappe ist geschafft

»Wir haben jetzt das erste relevante Krankheitsbild bearbeitet. Bevor wir zum zweiten übergehen, bitte ich Sie, kurz aufzustehen ...«

Ein guter Moment für eine kleine Munterbrechung: Ein Thema, eine Frage, eine Aufgabe ist abgeschlossen. Bevor die nächste Sache folgt, gibt es einen kurzen Schnitt. Er macht ganz deutlich: Eine Sache ist geschafft, gleich folgt etwas Neues. Vielleicht können Sie die Munterbrechung sogar geschickt nutzen, um die Neugier auf die kommende Frage, das kommende Thema zu wecken ...

2. Nach der Pause

»Willkommen zurück. Bevor wir weitermachen, bitte ich Sie alle, einmal aufzustehen. Ich habe zum Start eine kleine Herausforderung für Sie, durch die Sie gut auf den nächsten Arbeitsschritt eingestimmt werden ...«

Nach Pausen muss der Einstieg in die Weiterarbeit gelingen. Manchmal ist das gar nicht so einfach. Die Leute kehren zurück, vielleicht tröpfeln sie nacheinander herbei, manche Pausengespräche werden noch zu Ende geführt – ganz sicht- und hörbar oder in den Gedanken der Einzelnen. Kaffee wird nachgegossen, die letzte SMS verschickt, das Handy noch eben leise gestellt ...

Im Theater gibt es den Gong. Er hilft, die Zuschauer gegen Ende der Pause Schritt für Schritt für die Fortsetzung bereit zu machen. Anstelle des Gongs beginne ich nach Pausen gerne mit einer kurzen Munterbrechung. Sie dient dazu, alle Teilnehmer wieder körperlich und geistig herbeizuholen, die Gruppe wieder zusammenzuführen, sich durch eine gemeinsame Aktivität auf die Weiterarbeit einzustimmen. Immer wieder erlebe ich, dass es durch die Munterbrechung leichter fällt, nach der Pause wieder konzentriert am Thema weiterzuarbeiten.

Geeignete Zeitpunkte

3. Mittendrin

»Sie sehen, das Thema »Persönlichkeits-störungen« ist sehr komplex. Erste Aspekte haben wir uns angeschaut. Bevor wir weiterarbeiten, möchte ich die Arbeit für ein paar Augenblicke unterbrechen. Damit wir für die nächsten Fragen zu diesen Störungen den nötigen Abstand und Schwung bekommen, bitte ich Sie alle, einmal aufzustehen ...«

Dies ist der Klassiker für eine Munterbrechung. Mittendrin in einem großen Thema wird die Arbeit kurz unterbrochen. Anstatt mit aller Kraft weiterzuarbeiten, das Thema unerbittlich mit Gründlichkeit und Disziplin »durchzuziehen«, gönnen Sie sich und den Teilnehmenden eine kurze Auszeit. Das bringt auch in große Themenblöcke Leichtigkeit, über die sich die Lernenden freuen werden.

Zum Beispiel bei einer Abteilungsklausur, die Sie moderieren. 5 Teilgruppen präsentieren die Ergebnisse ihrer Überlegungen zu einer für die Abteilung wichtigen Frage. Inhaltlich gehören die Ergebnisse alle zusammen. Eine rasche Abfolge der Präsentationen ist also prinzipiell sinnvoll, am besten ohne Pause.

Aber von Vortrag zu Vortrag lässt die Aufmerksamkeit nach, Nebengespräche nehmen zu. Hier bieten sich kurze Munterbrechungen »mittendrin« an. Zum Beispiel ein kurzer »Positionswechsel« nach der zweiten Präsentation und eine Runde »Fingerjagd« nach der vierten. Dadurch sorgen Sie dafür, dass die Teilnehmer allen 5 Präsentationen – auch den beiden letzten – konzentriert folgen können. Und eine gewisse Leichtigkeit gewinnt das Ganze noch dazu. Vielleicht können Sie die Munterbrechung zusätzlich so geschickt einführen und anmoderieren, dass sie gut zu den Erkenntnissen der Arbeitsgruppe passt. Ideen dafür finden Sie auf Seite 25.

Bei Munterbrechungen »mittendrin« ist es besonders wichtig zu benennen, warum, wie lange und wofür die Arbeit unterbrochen wird. Ansonsten sind die Teilnehmenden möglicherweise irritiert und überlegen, ob das Thema jetzt einfach beendet, die Sache womöglich kommentarlos abgebrochen wird. Unnötiger Protest könnte die Folge sein. Hier gilt es also, wie ein guter Regisseur aus dem Thema herauszuführen und nach der Munterbrechung wieder hinein.

Geeignete Zeitpunkte

4. Kurz vor Schluss

»Es ist jetzt gleich halb fünf. Für die letzte Etappe bis zum Feierabend brauchen wir noch einmal volle Konzentration und Energie. Um die zu bekommen, bitte ich Sie alle, aufzustehen ...«

Gerade bei ganztägigen Seminaren oder Klausuren ist manchmal zu beobachten, dass gegen Ende »die Luft ausgeht«. Die Leute haben den ganzen Tag gedacht, gehört, diskutiert, überlegt, Aufgaben gelöst. Die letzte Etappe in der letzten halben oder ganzen Stunde läute ich gerne mit einer Munterbrechung ein. Ziel dabei ist, für den Endspurt noch einmal alle Kräfte zu mobilisieren. Eine ganz kurze Munterbrechung, zum Beispiel »Sitzungsfitness«, »Bitte wenden!« oder »Fingerjagd«, kann hier noch einmal für Leichtigkeit auch auf den letzten Metern sorgen. Manchmal ist man geneigt, gegen Ende »die Sache noch schnell durchzuziehen« und hadert mit sich, ob gerade jetzt zum Schluss, wenn alle nach Hause wollen, die Investition in eine Munterbrechung noch lohnt. Ich merke aber immer wieder: Gerade dann, wenn die Energie ausgeht, lohnt es sich! Denn durch die Munterbrechung wird oft noch einmal unvermutete Kraft freigesetzt.

5. Durchhänger

»Ich habe den Eindruck, dass Sie ganz schön geschafft sind. Ich habe eine Idee, wie wir wieder zu Kräften kommen können. Bitte stehen Sie alle einmal auf ...«

Das kennen Sie sicherlich. Sie blicken in die Runde oder in die Reihen und schauen dabei in viele müde Gesichter. Die Leute gucken teilnahmslos drein – sie sehen geschafft aus. Als Trainer, Dozenten und Moderatoren sind wir an Anstrengungen von Arbeits- und Lernveranstaltungen gewöhnt. Einen Nachmittag, einen Tag oder sogar eine ganze Woche in einem Seminarraum zu verbringen und viel Neues aufzunehmen, ist für viele Menschen jedoch eine Ausnahmesituation. Dies sollten wir uns immer wieder in Erinnerung rufen. Hier müssen die Teilnehmenden einem festgelegten Programm aus Zuhören, Arbeiten und Pausieren folgen. Ein Ablauf, der ihrem Rhythmus vielleicht wenig entspricht, ihm vielleicht sogar zuwiderläuft. Da ist es ganz natürlich, wenn sich »Durchhänger« ergeben. Mit einem guten methodischen Mix, einer ausgewogenen Pausengestaltung und ab und zu einer Munterbrechung können wir diesen Momenten jedoch begegnen.

6. Wenn man sich festgebissen hat

»Mein Eindruck ist, dass wir uns gerade mächtig in der Diskussion über den Umgang mit schizophrenen Patienten, die an Wahnvorstellungen leiden, festgebissen haben. Ich glaube, im Moment kommen wir an dieser Stelle nicht weiter. Ich schlage vor, wir nehmen uns eine kleine Auszeit, bevor wir einen weiteren Anlauf nehmen. Ich bitte Sie alle, mal aufzustehen ...«

Beim Lernen, beim Entwickeln von Ideen, bei der Diskussion von Gedanken und Lösungswegen gibt es bisweilen diese Momente, in denen die Gruppe feststeckt. Irgendwie will es weder vor- noch zurückgehen. Man dreht sich im Kreis und kommt nicht weiter. Hier kann eine kurze Pause helfen. Oder eine kleine Munterbrechung. Denn oft ist es so: Nach kurzer Ablenkung, nach etwas Bewegung, nachdem man für ein paar wenige Minuten etwas ganz anderes getan hat, kann man sich leichter von etwas lösen, ist ein neuer Blick auf die Sache möglich. Einer, der zuvor nicht möglich war und der nun aus der festgefahrenen Situation herausführt. Hier können die Munterbrechungen es also sehr erleichtern, einen neuen Zugang zur Lösung zu finden.

Auch mir als Trainer oder Moderator hilft die Zeit der Munterbrechung in solchen Momenten manchmal, um eine Idee für die Weiterarbeit in der verworrenen Situation zu entwickeln. Zum Beispiel kann ich eine neue, geeignete Leitfrage finden, die anschließend weiterführen kann. Das gelingt natürlich nur dann, wenn ich eine Munterbrechung wähle, deren Anleitung mir so leicht fällt, dass ich – nebenbei – noch Kapazität für meine Überlegungen hinsichtlich der Weiterarbeit habe.

Nicht geeignet ist eine Munterbrechung selbstverständlich in Fällen, in denen die Gruppe in einem ernsthaften Konflikt steckt: Mit dem Arbeitsthema, untereinander oder sogar mit Ihnen. Dann sollten Sie sich nicht der Hoffnung hingeben, die Sache könnte nach ein paar wenigen ablenkenden Minuten ausgestanden sein.

Konnte ein Konflikt jedoch soeben gelöst werden, ist der Knoten endlich geplatzt, dann kann eine Munterbrechung eine schöne Entspannung und ein guter Neuanfang in die weitere Zusammenarbeit sein.

Die richtige Dosis

6 mögliche Zeitpunkte für eine kraftspendende Aktivität haben wir besprochen. Und viele weitere sind möglich. Wartezeiten zum Beispiel: Auf Kopien, auf Teilnehmer, die sich verspäten. Für Munterbrechungen gibt es also viele Gelegenheiten. Zu viele sogar. Hier kommt es auf die richtige Dosierung an. Wie Ihnen die gut gelingen kann, lesen Sie in diesem Abschnitt.

1. Bloß nicht übertreiben!

»Alles, was ich übertreibe, ist sträflich!« Dieser wichtige didaktische Grundsatz gilt auch für die Munterbrechungen.

Natürlich kann es auch ein Ziel sein, den Menschen eine schöne, vergnügliche Zeit zu bereiten. Eine Seminarteilnehmerin aus Mecklenburg-Vorpommern rief mich vor einigen Jahren an und erklärte: »Ich möchte Sie am Nikolaustag für 3 Stunden für unser Team buchen. Ich wünsche mir einen Nachmittag lang am Stück all das, was Sie in den Seminaren sonst so zwischendurch machen.« Wir hatten ein paar heitere Stunden mit Munterbrechungen satt. Es war zum Jahresende ein prima Geschenk an das Team.

Dies ist aber in der Regel nicht das, was wir mit den Munterbrechungen bewirken wollen. Für den Seminar-, Sitzungs- und Veranstaltungsalltag sind die Munterbrechungen als fein dosierte Hilfe gedacht, um noch leichter, konzentrierter und munterer zum anvisierten Arbeits- und Lernziel zu gelangen.

Das Hauptgewicht liegt dabei natürlich beim Lernen und Arbeiten. Vor allem geht es in den Veranstaltungen darum, zu hören, zu präsentieren, zu diskutieren, zu lernen, Lösungen zu finden, Ergebnisse zu erarbeiten, gut voranzukommen. Dafür sind die Munterbrechungen ein ganz kleines Gegengewicht, das dieses Arbeiten und Lernen erleichtert.

Für die Frage der Dosierung heißt das: Das Verhältnis von großem Haupt- und kleinem Gegengewicht muss stimmen.

großes Hauptgewicht: Arbeiten am Thema

kleines Gegengewicht: Munterbrechungen

Die richtige Dosis

2. Die 90-Minuten-Regel

Im Laufe der Jahre ist bei mir eine Faustformel entstanden, mit der ein gutes Verhältnis zwischen Haupt- und Gegengewicht gelingt. 90 Minuten sind erfahrungsgemäß eine gute Lern- und Arbeitszeit. Wie bei einem guten Spielfilm kann man innerhalb dieser Spanne vieles erleben und schaffen. Gleichzeitig gelingt es Erwachsenen in dieser Zeit normalerweise auch, konzentriert und wach bei der Sache zu sein. Nach ungefähr 90 Minuten tut eine Pause gut.

Meine Faustformel: Eine Munterbrechung innerhalb von 90 Minuten.

Ob die Dosierung stimmt oder nicht, können Sie an den Reaktionen der Teilnehmer sehen und spüren.

Stimmt die Dosierung, dann spüren Sie auch das. Es entsteht Leichtigkeit, der Wechsel von Arbeit und Unterbrechung ist fließend und unaufgeregt. Die Zeit vergeht schnell – das Arbeiten ist kurzweilig.

> **Indikatoren für eine zu geringe Dosis der Munterbrechungen:**
> - Die Teilnehmer gähnen, sind müde und schlapp.
> - Die Teilnehmer sind unkonzentriert.
> - Die Teilnehmer beteiligen sich wenig.
> - Die Teilnehmer bewegen sich unruhig auf ihren Stühlen, können nicht mehr sitzen.
> - Die Veranstaltung hat Längen.

> **Indikatoren für eine zu hohe Dosis der Munterbrechungen:**
> - Die Gruppe kommt nicht zum ruhigen Arbeiten.
> - Die Teilnehmer fragen nach dem roten Faden der Veranstaltung.
> - Die Teilnehmer fragen nach Begründungen für die Munterbrechungen.
> - Die Teilnehmer fragen, ob man sich das nicht sparen und lieber weiterarbeiten kann.

Munterbrechungen ansagen und anleiten

Der Erfolg der Munterbrechungen hängt ganz entscheidend davon ab, wie wir sie als Lehrer, Moderatoren oder Trainer ansagen und anleiten. Damit Ihnen das gut gelingt, lesen Sie in den folgenden Abschnitten, worauf es bei Ansage und Anleitung ankommt.

1. Die Munterbrechung gut in das Programm einbetten

Durch die Munterbrechungen wird die Arbeit unterbrochen. Das ist gewollt – nach ein paar Minuten Abstand, Bewegung und Spaß soll es mit neuer Kraft im Programm weitergehen. Wichtig dabei ist, dass die Munterbrechungen nicht wie lästige Eindringlinge, störende Fremdkörper wirken und sich die Teilnehmer immer wieder irritiert fragen: »Häh? Was soll denn das jetzt?«

Gelungene Munterbrechungen sorgen zwar für Abwechslung und Überraschung; gleichzeitig fügen sie sich aber in den Fluss der Sitzung, des Seminars, der Veranstaltung ein. Dafür können Sie ganz einfach sorgen: Mit einem geeigneten Einleitungssatz, mit dem Sie die Munterbrechung ankündigen. Er schafft die Brücke zwischen Arbeiten und Unterbrechen – nutzen Sie dafür auch gerne viel Fantasie. Für diesen verbindenden Einleitungssatz gibt es zahlreiche Wege: Wenn Sie auf Ihre Themen, die aktuelle Seminarsituation und die Munterbrechungen schauen, wird Ihnen genug einfallen. Als Anregungen hier ein paar meiner Klassiker:

Bezug zum Thema schaffen

Ich vergegenwärtige mir, was wir inhaltlich gerade getan, diskutiert haben oder was als Nächstes kommt. Das greife ich in der Ankündigung auf. Bei der Munterbrechung »Stuhlbalance« klingt das zum Beispiel so:

»Wir haben heute viel über Prozesse und Zusammenarbeit gesprochen – nun möchte ich mit Ihnen schauen, wie gut wir hier in einem kurzen, herausfordernden Prozess gemeinsam zum Ziel kommen ...«

Bewegung hält wach

Körperliche Bewegung hält wach und gesund – in Zeiten der »Wellness-Bewegung« können wir auf diesem Wege viele Lernende überzeugen. Bei der »Sitzungsfitness« sieht das zum Beispiel so aus:

Munterbrechungen ansagen und anleiten

»Unsere Gehirne sind bei dieser Veranstaltung viel beschäftigt. Bevor wir uns der nächsten inhaltlichen Herausforderung stellen, soll nun auch Ihr restlicher Körper die Chance haben, in Bewegung zu kommen. Das macht uns alle wieder aufnahmefähig und munter.«

Mit Witz und Humor lockern

Gerne kündige ich die Munterbrechungen auch mit einem Augenzwinkern an. Bei »Waldi, der Wadenbeißer« zum Beispiel so:

»Ich habe leider schlechte Nachrichten – insbesondere für Herrn Baumann. Es tut mir leid, Herr Baumann, ich muss Ihnen mitteilen, dass Sie sich in großer Gefahr befinden. Hier am Boden vor mir sitzt Waldi an der Leine – noch. Waldi ist ein Wadenbeißer. Ich werde ihn gleich loslassen ...«

Natürlich ist Herr Baumann nicht in Gefahr – aber gut eingeleitet macht diese Vorstellung die Sache sofort spannend.

Viele weitere Einstiege sind möglich. Sie können Bezüge zum Alltag der Teilnehmer, zur momentanen Seminarsituation, zum Wetter oder auch zur Tagespolitik herstellen. Achten Sie schon beim Einleitungssatz darauf, sowohl inhaltlich als auch sprachlich einen für Ihre Zielgruppe passenden Start zu finden. Der wird bei einer Studentengruppe vielleicht ein wenig anders klingen als bei Bankkaufleuten ...

2. Selbstbewusst begeistern und mitreißen

Keine Angst, in Ihrem Seminar oder Ihrer Veranstaltung sind Sie nicht in der Rolle eines manischen Showmasters gefragt. Darum geht es nicht. Es genügt vollkommen, wenn Sie von dem, was Sie ansagen, wirklich überzeugt sind und selbst Lust auf die anstehende Munterbrechung haben. Das werden Ihnen die Teilnehmer anmerken. Und diese mitreißende Begeisterung werden Sie auch brauchen, denn bei vielen der Munterbrechungen gilt es, die Teilnehmer aus einer gewohnten – vielleicht auch gerade bequemen – Haltung heraus in Bewegung zu bringen.

Mit Ansagen wie der folgenden wird das kaum gelingen:

»Zwischendurch machen wir jetzt mal was ganz anderes. Kollegen sagen, dass das gegen Ermüdungserscheinungen helfen soll. Wir müssen es natürlich nicht machen. Was meinen Sie? Besser nicht?

Munterbrechungen ansagen und anleiten

O. k., wenn Sie wollen, stehen Sie mal auf. Dann erkläre ich, wie es geht, und dann können Sie immer noch entscheiden.«

Das können Sie natürlich besser! Begeistern Sie Ihre Teilnehmer kraftvoll und mit Lust.

3. Die Munterbrechungen allgemein begründen können

Ein guter erster Satz und Ihre volle Begeisterung sind prima Voraussetzungen dafür, dass Sie Erfolg mit den Munterbrechungen haben. Manchen Teilnehmern genügt das jedoch nicht. Sie wollen es genauer wissen. »Herr Groß! Warum machen wir das?«, fragte mich ein Teilnehmer bei einer Veranstaltung an der Universität Bielefeld, als ich die erste Munterbrechung in dieser Kursgruppe anleitete – die »Sitzungsfitness«. Ganz klar: Bei vielen Kursen, Seminaren, Vorträgen oder anderen Veranstaltungen sind Munterbrechungen bisher unüblich. Viele Teilnehmende und Lernende sind überrascht. Zu Recht wollen sie wissen, mit welchem Ziel genau wir das Programm unterbrechen, warum wir aufstehen, uns bewegen, uns einer Aufgabe stellen, die auf den ersten Blick nichts mit dem Thema zu tun hat. Als Trainer,

Referent, Moderator, Lehrer müssen wir gut und ruhig erklären können, warum Munterbrechungen genauso dazugehören wie Pausen, Kurzvorträge oder Gruppenarbeiten. Über diese Gründe haben Sie schon viel gelesen. Hier eine kurze Zusammenfassung:

Wir machen das, um

- durch Spaß, Abwechslung und Bewegung für die Lern- und Arbeitsfähigkeit der Teilnehmer zu sorgen.
- uns (noch) besser kennen zu lernen, das Zusammenspiel in der Gruppe zu verbessern, für ein gutes Lern- und Arbeitsklima zu sorgen.
- zwischendurch Abstand vom Arbeiten oder Lernen zu gewinnen und mit mehr Leichtigkeit bei der Sache bleiben zu können.

Meine Erfahrung: Besonders zu Beginn von Veranstaltungen ist eine gute Begründung wichtig. Später ist das meist gar nicht mehr gefragt. Dann machen wir es einfach, weil es Spaß macht und gut tut. Weil man für viele der Munterbrechungen aufsteht, entwickelt sich in Gruppen häufig ein lustiger Automatismus. Ungefähr vom zweiten Kurstag an stehen die Leute, wenn ich sie zum Beispiel nach der Pause zum nächsten Teil begrüße, alle auf. Ganz von alleine. Ohne dass ich etwas sage. Das macht auch mir Spaß – denn es ist wie eine nonverbale Aufforderung, damit jetzt wieder »etwas« kommt. Und weil die Munterbrechungen ja auch für Überraschung sorgen sollen, wähle ich dann manchmal eine im Sitzen ...

4. Klar und verständlich erklären

Ein Teil des Reizes der Munterbrechungen liegt darin, dass das Ganze recht schnell geht. Damit dies gelingt, ist eine klare und verständliche Erklärung wichtig. Denn wenn die Teilnehmer mehrmals nachfragen müssen, wie die Sache funktioniert und was genau sie jetzt machen sollen, geht die gewünschte Leichtigkeit verloren.

Bei vielen der Munterbrechungen hilft es mir, beim Erklären auf die folgenden fünf Schritte zu achten:

Schritt 1: Einleitungssatz

Dazu haben Sie vorhin schon einiges gelesen. Es geht darum, die Munterbrechung ins Programm einzubetten und neugierig darauf zu machen.

Schritt 2: Erste Einstiegsaktion

Gleich nach dem Einstiegssatz bitte ich die Teilnehmer gerne, ganz praktisch mit einer ersten, kleinen Aktion loszulegen. Beispielsweise aufzustehen, einen Stift zu nehmen, einen Partner zu finden oder ein Blatt Papier zu schnappen. Alle werden sofort aktiv. Es passiert etwas, und wir sind schon mittendrin in der Sache – und sind gespannt, was jetzt wohl kommt.

Schritt 3: Ablauf erklären

Erst jetzt gibt es die genaueren Erklärungen: Was ist zu tun? Wer beginnt? Was ist das Ziel? Wie endet das Ganze? So einfach viele der Munterbrechungen sind, die Erklärung der Abläufe ist manchmal ganz schön knifflig.

Vor dem ersten Einsatz mit Gruppen übe ich in der Regel die Anleitung: Entweder mit Kollegen oder auch alleine im Büro laut sprechend. Und wenn ich eine Munterbrechung das erste Mal anleite und erkläre, dann sage ich das der Gruppe meist auch:

»Jetzt kommt etwas Neues. Ich habe letzte Woche davon gehört. Wir sind die Ersten, die es gemeinsam erproben. Es wird ein Experiment.«

Munterbrechungen ansagen und anleiten

So habe ich schon einen guten Aufhänger – und wenn das Ganze nicht hinhaut, ist das nicht schlimm. Experimente sind Vorhaben mit offenem Ausgang!

Schritt 4: »Alles klar?«

Bevor es losgeht, frage ich gerne noch einmal in die Runde:

»Alles klar?«.

Sobald ich das Nicken der Leute habe, geht es weiter. So steigt die Wahrscheinlichkeit, dass alle gut informiert und bereit sind – und ich verhindere einen unnötigen »Fehlstart«.

Schritt 5: »Los geht's!«

»Los geht's!« - mit dieser oder einer ähnlichen kurzen Aufforderung beginnt die eigentliche Munterbrechung.

Schritt 6: Abschluss und Überleitung

Genauso wichtig wie ein guter Start ist nun ein rundes Ende. Auch den Übergang von der Munterbrechung in die Weiterarbeit leite ich gerne mit einem kurzen Satz ein. Zum Beispiel beim »Wachklopfen« so:

»Nun haben Sie sich wach geklopft. Wenn Sie bereit sind für die nächste Seminaretappe, bitte ich Sie, wieder Platz zu nehmen. Bei uns geht es weiter mit der Frage, wie ...«

Das sind zwar eine Menge Schritte, wenn man bedenkt, dass manche Munterbrechungen nur 3 oder 4 Minuten dauern. Aber fast alle sind ja ganz kurz. Meist ist es nur ein einfacher Satz, der jedoch zum Erfolg der Sache beitragen kann.

Vielleicht vermissen Sie sogar noch einen weiteren Schritt? Denn von einer Reflexion war keine Rede. Die gehört in der Regel auch nicht zu den Munterbrechungen. Darin unterscheiden sie sich von Übungen, Aufgaben und Spielen, bei denen gemeinsam gelernt oder etwas entwickelt werden soll. Bei den Munterbrechungen steht das Ziel im Vordergrund, die Lern- und Arbeitsfähigkeit zu wecken und zu erhalten.

Viele der Munterbrechungen können aber auch ganz leicht als Methoden beispielsweise zur Teamentwicklung genutzt werden – dann selbstverständlich mit anschließender Reflexion.

Müssen Munterbrechungen allen gefallen?

Müssen Munterbrechungen allen gefallen?

Die Munterbrechungen sind oft etwas schräg und sicherlich in vielen Lern- und Arbeitssituationen ungewöhnlich. Muss jede und jeder so etwas mögen?

»Es kann und muss nicht immer allen alles gefallen«. Dieser Satz gilt auch hier – wie bei vielem anderen, was wir als Dozenten, Trainer, Lehrer und Moderatoren anbieten, entscheiden und durchführen. Nicht alle müssen alles immer von Anfang bis Ende toll finden. Das wäre auch eintönig. Es ist viel interessanter für mich, dass die Teilnehmenden so unterschiedlich sind und auf Angebote und Vorschläge eben auch so verschieden reagieren.

Halten Sie es also aus, wenn Sie nicht bei jeder Munterbrechung, die Sie ansagen, auf eine gleichermaßen begeisterte Anhängerschaft stoßen. Ich habe die Erfahrung gemacht, dass ich beim Anleiten der ersten 1 oder 2 Munterbrechungen die – vielleicht auch durchaus abweisenden – Gesichtszüge und Kommentare einiger Teilnehmer nicht zu ernst nehmen darf. Hier ist es wichtig, erst einmal weiterzumachen. Viele Leute kennen »so etwas« nicht. Und auf Neues reagieren manche Menschen erst einmal irritiert oder abweisend. Oft sind gerade sie es, die am Ende berichten: »Also ganz ehrlich, am Anfang dachte ich: Was um Gottes Willen machen Sie denn jetzt? Es kam mir irgendwie blöd vor. Aber ich muss sagen: Es tat gut, immer wieder zwischendurch etwas anderes zu machen. Und vor allem mit viel Spaß. Ich habe das so noch nie in einem Seminar erlebt.« Wie schade wäre es gewesen, wenn ich gleich auf die ersten irritierten Reaktionen hin einen Rückzieher gemacht hätte …

Was aber tun, wenn dieser übliche Effekt der verzögerten Begeisterung doch einmal ausbleibt? Ich schaue dann, bei wem die Munterbrechungen so schlecht ankommen. Sind es einzelne Wenige, ist es die Mehrzahl der Gruppe, oder sind es sogar nahezu alle?

Wenn es die Mehrzahl oder alle sind, prüfe ich noch einmal genau, ob die von mir gewählten Munterbrechungen zur Gruppe passen. Kann sein, dass ich mit meiner Einschätzung danebenliege. Möglich – wenn auch sehr selten – ist durchaus, dass eine Gruppe gar kein Interesse an Munterbrechungen zwischen-

Müssen Munterbrechungen allen gefallen?

durch hat oder im Moment gerade nicht offen dafür ist. Das ist auch o. k., dann machen wir ohne weiter.

Sind es nur Einzelne, die wenig Freude an den Munterbrechungen zeigen, dann lasse ich mich davon zunächst nur wenig irritieren. Wie ganz allgemein bei der Arbeit mit Erwachsenen leite ich auch die Munterbrechungen so an, dass jederzeit die Möglichkeit besteht, nicht mitzumachen. Die Leute bleiben einfach sitzen, treten einen Schritt zurück – und sind fünf Minuten später wieder voll dabei. Wie gut sich das von den Einzelnen aushalten und von der Gruppe tragen lässt, ist weniger eine Frage der Munterbrechung an sich als eine Frage des grundsätzlichen Lern- und Arbeitsklimas und der Absprachen dazu in der Gruppe.

Auf eine besondere Spezies von Teilnehmern möchte ich noch hinweisen. Zunächst zeigen sie ganz deutlich, dass sie keine Lust auf die anstehende Munterbrechung haben. Sie blicken finster drein, seufzen tief und sparen nicht an Kommentaren wie »Schon wieder!«. Das Erstaunliche: Sobald die Aktivität selbst beginnt, sind sie mit großer Freude dabei, fiebern mit und freuen sich wie Kinder am Spiel. Dieser

Wandlung folgt genauso rasch eine weitere, sobald die Munterbrechung zu Ende ist – jetzt wieder zurück in die abweisende Ausgangshaltung. Ich finde dies immer wieder aufs Neue faszinierend und denke dann: »Aha – solche Leute gibt es auch.«

All das aber sind Ausnahmefälle. In der Regel werden die Munterbrechungen gerne aufgenommen. Dazu können Sie zudem beitragen, indem Sie sie jeweils passend auswählen. Konkrete Tipps für die Wahl finden Sie im nächsten Abschnitt.

Wahlhilfe

In diesem Band lernen Sie 22 verschiedene Munterbrechungen mit zahlreichen Variationen kennen. Viele Wege also, die Sie einschlagen können, um für frische Energie, Konzentration und Leichtigkeit in Ihren Veranstaltungen zu sorgen. Alle Munterbrechungen habe ich unzählige Male und mit den verschiedensten Gruppen genutzt. In der Praxis haben sich alle diese Wege bewährt. Von jeder Munterbrechung bin ich überzeugt!

Aber ich mache auch gelegentlich die Erfahrung: Mit jeder der 22 Methoden kann man auch einmal voll danebenliegen. Was im Text munter und pfiffig klingt, kann sich in Ihrer speziellen Seminarsituation als zäh oder witzlos entpuppen. Manche Herausforderungen, die die Teilnehmer laut Beschreibung gut bewältigen sollen, können die konkreten Menschen in Ihren Kursen beispielsweise unter- oder überfordern. Im schlimmsten Fall weigern sich die Teilnehmer schlicht, »so etwas« zu machen.

Das ist jedoch keineswegs ein Grund, den Mut und die Lust am Ausprobieren zu verlieren. Ganz im Gegenteil: Ich will Sie dabei unterstützen, die jeweils passende Munterbrechung auszuwählen. Oder auch einmal zu entscheiden, in einer bestimmten Situation keine Munterbrechung zu machen, das heißt: Eine vorher ausgewählte lieber fallen zu lassen.

Um herauszufinden, was wann passt, empfehle ich Ihnen die Kombination von 2 ganz verschiedenen Herangehensweisen: Intuitiv und analytisch.

1. Vertrauen Sie auf Ihre Intuition

Als Trainer, Dozenten, Lehrer und Moderatoren haben Sie im Laufe der Jahre ein gutes Fingerspitzengefühl entwickelt. Sie werden spüren, was passt – oder eben nicht passt. Mir geht es immer wieder so: Ich habe eine spezielle Munterbrechung im Sinn. Im Seminar liegt dazu schon alles bereit. Aber kurz bevor ich damit loslegen will, merke ich: »Das ist nicht die Richtige. Mach was anderes, Harald!« – Begründen kann ich das oft nicht. Es ist ein Gefühl, eine Ahnung. Und meistens liege ich damit richtig. Vertrauen Sie also auf Ihre Intuition.

Wahlhilfe

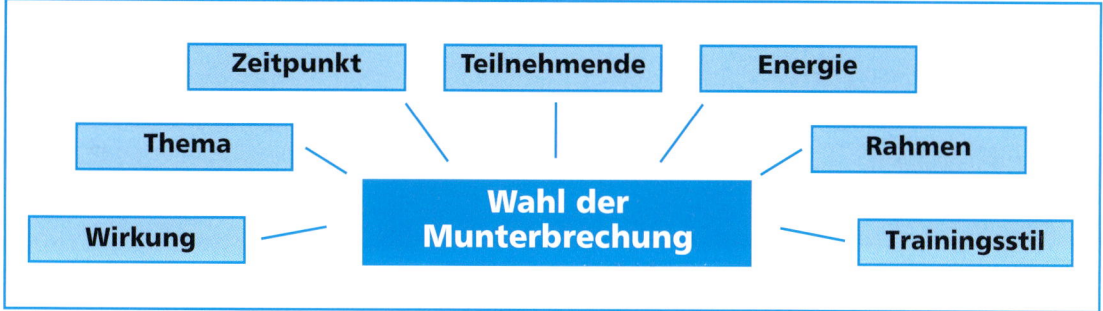

2. Analysieren Sie die Situation

Seminarsituationen sind äußerst komplex – aber auch sie lassen sich analysieren. Dabei kann das abgebildete Modell Sie unterstützen. Sie sehen 7 Bereiche, in denen – einzeln oder im Zusammenspiel mit den anderen – wichtige Kriterien für die Wahl geeigneter Wege stecken. Bei der Auswahl können Sie damit für Ihre jeweilige Kurssituation überlegen, was passt. Ich prüfe damit gerne noch einmal ab: »Passt mein anvisierter Weg zu den Teilnehmenden, dem Rahmen usw.?« Wenn ich die verschiedenen Kriterien durchgehe, bekomme ich meist schnell hilfreiche Auskunft für die Wahl der Munterbrechung.

Wahlhilfe

Wirkung

○ Was genau wollen Sie bewirken?
○ Mit welchem Ziel wollen Sie Zeit in eine Munterbrechung investieren?

Die Munterbrechungen machen Spaß. Das ist prima, und es ist eines ihrer Anliegen. Aber wie oben beschrieben, haben die Munterbrechungen noch weitere Wirkungen: Auf die Konzentration, Lern- und Arbeitsfähigkeit der Einzelnen, auf die Gruppe, auf die Arbeit am Thema. Prüfen Sie für sich: Was genau wollen Sie jetzt erreichen? Was wollen Sie da gerade bewirken? Die Antworten auf diese Fragen werden Ihnen bei der Wahl der passenden Munterbrechung helfen. Und: Je klarer Sie sich darüber sind, warum Sie eine Munterbrechung anbieten, desto überzeugter können Sie diese auch »rüberbringen«.

Thema

○ Woran arbeiten Sie mit der Gruppe?
○ Was wird gelehrt, vermittelt, erarbeitet, diskutiert?
○ Was machen die Teilnehmer in ihrer Praxis damit?

In der Regel haben Seminare und Konferenzen ein Thema. Schauen Sie sich bei der Auswahl der Munterbrechungen auch das Thema Ihrer Veranstaltung an. Vergegenwärtigen Sie sich noch einmal: »Worum geht es da?«, »Was erarbeiten, diskutieren, lernen die Teilnehmer?« Überlegen Sie, wo Verbindungen zwischen dem Thema und möglichen Munterbrechungen denkbar sind. Wie könnten diese aussehen?

Hier ist Ihre Kreativität gefragt. Es macht Spaß, schöne oder ungewöhnliche Verknüpfungen zu suchen und damit

Wahlhilfe

Zeitpunkt

im Seminar die Munterbrechungen ganz geschmeidig ins Programm einfließen zu lassen. Wie wichtig eine gute Einbettung der Munterbrechungen in die thematische Arbeit ist, haben Sie oben gelesen. Das gilt insbesondere bei den ersten Munterbrechungen mit einer Gruppe. Später, wenn die Teilnehmer an die munteren Störungen gewöhnt sind – so ist meine Erfahrung – spielt die Verbindung zum Thema kaum noch eine Rolle.

○ Wann genau wollen Sie eine Munterbrechung einschieben?
○ Ist der Zeitpunkt dafür geeignet?

Über Zeitpunkte, die sich besonders gut für eine Munterbrechung eignen, haben Sie bereits einiges gelesen. Dann zum Beispiel, wenn eine Etappe geschafft ist, nach einer Pause oder auch mitten in einem großen Block, um zwischendurch Leichtigkeit für die Weiterarbeit zu gewinnen. Auch kurz vor Schluss, bei Durchhängern oder fruchtlosen Diskussionen bieten sich die Munterbrechungen an. Wann auch immer Sie eine Munterbrechung einbauen wollen – prüfen Sie kurz, ob der Zeitpunkt in diesem speziellen Fall dafür gut ist. Fragen Sie sich, ob Sie mit der Munterbrechung für eine willkommene Abwechslung sorgen oder den aktuellen Prozess eher stören. Dann sollten Sie zum Beispiel lieber noch 10 oder 20 Minuten warten, bis es besser passt und die Teilnehmer bereit dafür sind.

Wahlhilfe

Teilnehmende

- ○ Wie viele Teilnehmer hat die Gruppe?
- ○ Wer sind Ihre Teilnehmer?
- ○ An welche Arbeitsweisen, an welchen Stil sind sie gewöhnt?
- ○ Was würde der Gruppe Spaß machen?
- ○ Welche Fachsprache sprechen die Teilnehmer? Welche Tabuwörter gibt es in der Gruppe?
- ○ Wie lange und gut kennen sich die Teilnehmer? Wie vertraut sind sie miteinander?
- ○ Wie gut kennen Sie die Teilnehmer? Wie gut ist Ihr Kontakt zu ihnen?

Die Teilnehmer sind es, für die Sie die Munterbrechung planen. Ihnen wollen Sie das Lernen und Arbeiten erleichtern. Die Teilnehmer sind es auch, die Ihr Angebot aufgreifen. Von ihnen hängt ganz entscheidend ab, was daraus wird. Bei diesem Punkt lohnt es sich also besonders, bei der Wahl der Munterbrechung genau hinzuschauen und zu überlegen: »Mit wem habe ich es hier zu tun?«, »Was könnte zu diesen Menschen passen?«, »Was könnte diese Gruppe jetzt brauchen?«. Je mehr Sie über die Teilnehmer und ihre Situation, ihre Vorlieben wissen, desto besser können sie die passenden Munterbrechungen auswählen.

Es ist auch interessant, auf die Sprache Ihrer Teilnehmer zu achten. Gruppen sprechen oft ihre ganz eigenen Sprachen. Je nach Berufen, Altersgruppen und Geschlechtern gibt es bestimmte Begriffe, Formulierungen, Worte, die gerne genutzt und gut verstanden werden. Verwenden Sie diese gelegentlich bei der Anleitung der Munterbrechungen. Vielleicht können Sie auch erspüren, welche Tabuwörter es in Ihren jeweiligen Gruppen gibt, und auf diese gezielt verzichten. Ein ganz einfaches, aber immer wieder aktuelles Beispiel: Führe ich eine Munterbrechung als »Spiel« ein, dann löst das in manchen Gruppen allein durch den Begriff eine Mischung aus Skepsis, Unbehagen und Widerstand aus. Kündige ich dieselbe Sache jedoch als »herausforderndes Experiment« an, erzeuge ich Spannung und Offenheit.

Achten Sie bei der Wahl der Munterbrechungen auch darauf, wie gut sich die Teilnehmer kennen, wie vertraut sie

Wahlhilfe

miteinander sind und in welcher Phase der Gruppenentwicklung sich die Gruppe gerade befindet. Ganz besonders bei Munterbrechungen, bei denen ein engerer Kontakt zum Nachbarn entsteht, ist dies wichtig. Zum Beispiel beim »Reaktionstraining«.

Für die Wahl entscheidend kann auch sein, wie gut Ihr Kontakt, Ihre Beziehung zur Gruppe ist. Kennen die Teilnehmer Sie gut, vertrauen Sie Ihnen, stimmt die Chemie? Dann können Sie bei den Munterbrechungen sicherlich etwas wagen. Sie können das Vertrauen nutzen und die Menschen auch einmal zu einem Vorhaben mit offenem Ausgang ermuntern. Sind die Teilnehmer Ihnen gegenüber dagegen eher noch zurückhaltend, vielleicht sogar ein wenig skeptisch, dann empfehle ich Ihnen, bei der Wahl der Munterbrechungen vorsichtiger einzusteigen.

Energie

○ Wie wach, müde, schlapp oder konzentrationsfähig sind die Leute gerade?

○ Gibt es bei den Teilnehmern im Tagesverlauf »Hochs« und »Tiefs«?

○ Wie ist die Stimmung der Gruppe oder auch von Einzelnen?

Einfluss auf die Energie – und damit die Lern- und Arbeitsfähigkeit – der Teilnehmer zu nehmen, ist das zentrale Anliegen der Munterbrechungen. Haben Sie also die Lernenden im Blick: Wie sitzen sie auf ihren Plätzen? Neugierig nach vorn gebeugt, konzentriert aufrecht oder schlapp in sich gesunken? Wie wach, wie verschlafen sind die Blicke? Was sagen die Leute – zum Beispiel in Feedback- und Statementrunden – über ihren aktuellen Zustand, über ihre aktuelle Energie? Immer wieder schnappe ich, oft auch in der Pause, Sätze wie diese auf: »Ich kann jetzt nicht mehr sitzen!«, »Ich bin so verspannt!«, »Ich hab gerade voll das Tief!«. Wichtige Informationen, auf die Sie mit den Munterbrechungen gut reagieren können.

37

Wahlhilfe

Rahmen

> ○ Wie viel Platz bietet Ihr
>   Seminarraum?
> ○ Mit wie vielen Menschen
>   arbeiten Sie?
> ○ Wie ist der Raum möbliert?
> ○ Wie sitzen, stehen die Leute?
> ○ Wie beweglich sind Möblierung
>   und Menschen?
> ○ Wie sieht Ihr Zeitplan aus?

Banale Fragen – aber ebenfalls entscheidend für den Erfolg mit den Munterbrechungen. Denn diese sollen sich möglichst flott in den Arbeits- und Lernprozess einfügen, ohne große und umständliche Umbauarbeiten. Schauen Sie also, was in Ihrem jeweiligen Raum mit Ihrer Gruppe gut möglich ist. In diesem Buch finden Sie ein reichhaltiges Repertoire an Munterbrechungen, aus dem Sie für nahezu alle Rahmenbedingungen eine geeignete Munterbrechung schöpfen können.

Trainingsstil

> ○ Von welchen Munterbrechungen
>   sind Sie selbst überzeugt?
> ○ Worauf haben Sie gerade Lust?
> ○ Wofür können Sie sich und
>   andere begeistern?

Während Sie die 22 Munterbrechungen durchschauen, werden Sie schnell bemerken: Welche sprechen mich besonders an? Welche weniger? Welche gefallen mir gar nicht?

Nutzen Sie zu allererst diejenigen, auf die Sie selbst Lust haben. Für Wege, die Sie selbst interessieren und faszinieren, werden Sie auch die Teilnehmer am besten begeistern können. Und das ist oft schon mehr als die halbe Miete für den Erfolg einer Munterbrechung. In unserem Team arbeiten wir alle gerne mit den Munterbrechungen. Aber jeder hat so seine Favoriten. Ab und zu erzählen wir uns von unseren »Hits für zwischendurch«, zeigen uns die aktuellen Lieblingsmethoden oder spielen sie miteinander durch. Manches übernehmen wir von den Kollegen, andere Wege auch nicht. Entwickeln Sie ein Repertoire, das zu Ihnen und Ihrem persönlichen Trainingsstil passt.

Wahlhilfe

Mit einer guten Mischung aus einer genauen Analyse der Seminarsituation, Ihrer Intuition und Ihrer Lust auf gelungene Munterbrechungen werden Sie bestimmt eine passende Wahl treffen. Und wenn das einmal nicht der Fall sein sollte, dann gilt auch hier, wie bei vielen Situationen im Leben eines Trainers und Moderators, der Satz: »Es muss nicht immer ein Highlight sein«.

Es ist ganz normal, dass nicht alles immer gleichermaßen gut ankommt. Wäre das so, wäre unser Beruf vielleicht manchmal einfacher, aber auf alle Fälle um jede Menge Spannung ärmer!

22 Munterbrechungen

22 Munterbrechungen

Auf den folgenden Seiten erwarten Sie in alphabetischer Reihenfolge die 22 Munterbrechungen. Bevor es mit der Nummer 1 – dem »A-B-C-D-Aufgabenmix« losgeht, hier ein paar Hinweise.

Das Wichtigste in Kürze

Zu Beginn jeder Beschreibung finden Sie in einer Übersicht die wichtigsten Informationen zur Methode: Eine Kurzbeschreibung, Angaben zur Teilnehmerzahl, zum benötigten Material und zur Ausgangsposition der Teilnehmer. Dies erleichtert Ihnen die Suche nach einem geeigneten Weg für eine ganz konkrete Situation.

Die Munterbrechungen ausführlich

Der kurzen Übersicht folgt eine genaue Beschreibung der Munterbrechung. Hauptziel dabei ist, dass Sie sich bestmöglich vorstellen können, wie die Sache ganz konkret in der Praxis aussieht und abläuft. Damit das leicht und gut gelingt, spreche ich Sie immer wieder so an, als ob Sie bei mir in einem Seminar oder in einer Sitzung säßen.

Meine »Seminarstimme« hat die Farbe Blau. So erkennen Sie mich leicht.

Zusätzlich dazu gibt es Regiehinweise, Erfolgstipps und Variationen zur Methode sowie viele Fotos aus der Praxis. So können Sie sich eine gute Vorstellung von jeder Munterbrechung machen. Sollten Sie Fragen und Anregungen haben, schreiben Sie mir einfach:
info@orbium.de.

22 Munterbrechungen

Kurz kommentiert

Am Ende der Beschreibungen finden Sie bei allen Munterbrechungen in einem Kasten einen kurzen Kommentar von mir. Hier erfahren Sie, wann ich die Methode besonders gerne einsetze, welche besonderen Erfahrungen ich damit gemacht habe, was besonders gut ankommt.

Alle Methoden auf einen Blick

Am Ende der Methodensammlung finden Sie auf Seite 127 in einer Tabelle einen Überblick über alle 22 Munterbrechungen. Hier können Sie schnell sehen, welche Munterbrechungen für Ihre Situation in Frage kommen könnten.

Sind Sie bereit? Dann geht's jetzt los. Viel Spaß mit den Munterbrechungen!

1 A-B-C-D-Aufgabenmix

Kurz beschrieben:

Die Teilnehmer stehen im Kreis. Die Gruppe bekommt nun nacheinander Aufgaben: Es beginnt mit einer einfachen **A wie Alltagsaufgabe**. Ein alltäglicher Gegenstand wird reihum im Kreis durchgegeben. Sobald das gelingt, kommt eine **B wie besondere Aufgabe** ins Spiel. Dabei fliegt ein Jonglierball von einer Person zur anderen und zwar in einer festgelegten besonderen Reihenfolge. Alltagsaufgabe und besondere Aufgabe werden nun zeitgleich kombiniert. Anschließend kann noch eine **C wie Chaosaufgabe** aufgenommen werden. Ein Stofftier, zum Beispiel die »Chaosente«, fliegt quer durch die Runde. Wie es bei chaotischen Aufgaben so ist, muss man mit ihr immer rechnen. Dennoch gilt es, ungestört von der Chaosaufgabe die anderen Gegenstände ruhig in der Luft zu halten.

Zur Krönung kann in einer späteren Etappe noch eine **D wie delikate Aufgabe** hinzukommen – mit einem rohen Ei können Sie hier gut für Spannung sorgen!

Teilnehmerzahl:

8 bis 20

Material:

- 1 beliebiger kleiner Alltagsgegenstand (z.B. eine Klebebandrolle)
- 1 bis 3 Jonglierbälle
- 1 weiches Stofftier
- für Variante D: 2 rohe Eier, Eimer mit Wasser und Tücher zum Aufwischen

Besondere Anforderungen an den Raum:

Ausreichend Platz, damit alle Teilnehmenden in einem Kreis stehen können. Bei Variante D: Der Fußboden muss schlimmstenfalls abwischbar sein, kein Teppichboden.

Ausgangsform:

Bitten Sie die Teilnehmenden, alles aus den Händen zu legen und sich in einem Kreis aufzustellen.

Wenn alle richtig stehen, erklären Sie:

»In Ihrem Alltag gibt es immer wieder verschiedene und neue Aufgaben. Das ist bei der Arbeit so, aber auch in der Freizeit. Und bei unserem Experiment wird es gleich auch so sein. Mal sehen, wie gut Sie mit den verschiedenen Aufgaben klarkommen. Wir starten zunächst mit einer A wie Alltagsaufgabe.«

Mit einem wirklich alltäglichen Gegenstand, zum Beispiel einer Klebebandrolle, sprechen Sie die Person an, die rechts neben Ihnen steht:

»Wenn ich Ihnen gleich diesen Alltagsgegenstand überreiche, sind Sie garantiert nicht überrascht. Es ist ja ein ganz normaler Gegenstand. Er ist auch verbunden mit einer ganz alltäglichen Aufgabe. Bitte nehmen Sie den Gegenstand an und geben Sie ihn ohne größere Auf-

1 A-B-C-D-Aufgabenmix

merksamkeit an Ihren rechten Nachbarn weiter. So läuft die Alltagsaufgabe von Hand zu Hand, ohne dass wir uns groß darum kümmern müssen.«

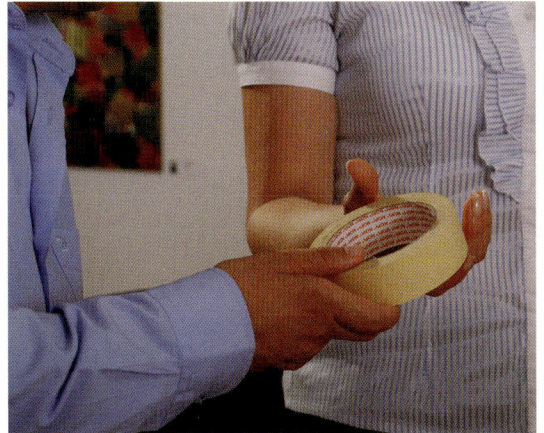

Den Gegenstand lassen Sie nun einmal kreisen. Wenn er wieder bei Ihnen angekommen ist, sagen Sie:

»Das ist schön. Das Leben besteht allerdings nicht nur aus Alltagsaufgaben. Es gibt auch B wie besondere Aufgaben. Besondere Aufgaben kommen aus einer bestimmten Richtung und fliegen in eine bestimmte Richtung. So auch bei uns. Eine oder einer von Ihnen wird die besondere Aufgabe gleich erhalten. Ich werde Sie mit Namen ansprechen, damit Sie wissen, dass besondere Arbeit kommt. Sie nehmen die besondere Aufgabe – den Ball – bitte an. Dann suchen Sie sich eine Person, die die besondere Aufgabe noch nicht hatte. Damit sich der auserkorene Mensch auf die besondere Aufgabe einstellen kann, nennen Sie seinen Namen und werfen ihm die besondere Aufgabe in Form des Balls zu. Das geht so lange, bis alle in unserer Runde die besondere Aufgabe einmal

1 A-B-C-D-Aufgabenmix

hatten und sie am Ende wieder bei mir landet. Aber Achtung: Bitte merken Sie sich, woher die besondere Aufgabe kam und wohin Sie sie weitergegeben haben.«

Wenn der Ball wieder bei Ihnen angekommen ist, schicken Sie die besondere Aufgabe zum Training ein weiteres Mal auf den Weg. Wieder soll der Ball die gleiche Bahn durch die Gruppe ziehen. Bei Gruppen mit mehr als 10 Teilnehmern können Sie auf derselben Spur noch 1 oder 2 Bälle zusätzlich hineingeben.

Wenn diese Bahn »sitzt«, fahren Sie fort:

»Das klappt nun prima mit der besonderen Aufgabe. Im wahren Leben ist es aber so, dass die verschiedenen Aufgaben nicht getrennt kommen, sondern häufig zeitgleich. So ist es auch hier. Wir werden die besondere Aufgabe nun mit der Alltagsaufgabe kombinieren. Sind Sie bereit?«

Nun geben Sie die Gegenstände ins Spiel. Sobald die Kombination gut läuft und alle Aufgaben wieder bei Ihnen angekommen sind, erklären Sie:

»Das läuft sehr gut. Allerdings ist es im normalen Leben ja so, dass es nicht immer so konzentriert zugeht. Ab und zu kommen auch C wie Chaosaufgaben

1 A-B-C-D-Aufgabenmix

ins Spiel. Auch damit werden wir nun zu tun haben. Vertreten werden die Chaosaufgaben von diesem Chaosstofftier. Mit ihm müssen Sie immer rechnen. Aus allen Richtungen kann es geflogen kommen und Sie überraschen. Vielleicht mitten in der Bearbeitung der Alltagsaufgabe ... Wichtig ist, dass das Chaosstofftier immer in der Luft und immer in Bewegung bleibt.«

Nun geben Sie nacheinander alle 3 Aufgaben ins Spiel. Die Alltagsaufgabe nach rechts, die besondere Aufgabe auf die Bahn, und das Chaosstofftier werfen Sie schwungvoll einem Teilnehmer zu. Jetzt hat die Gruppe gut zu tun! Nach 1 oder 2 Runden behalten Sie die Gegenstände, die bei Ihnen ankommen, bei sich – so lange, bis der letzte bei Ihnen eintrifft. An dieser Stelle können Sie die Munterbrechung beenden.

Variante mit delikaten Aufgaben

Vielleicht kündigen Sie aber auch einen nächsten Schritt an:

»Mit den 3 Aufgaben sind Sie prima klargekommen. Mal sehen, wie es Ihnen ergeht, wenn wir später noch D wie delikate Aufgaben hinzufügen. Jetzt aber geht es erst mal mit dem Seminarprogramm weiter.«

Ein paar Stunden später oder am nächsten Tag können Sie den Faden wieder aufnehmen. Bitten Sie die Teilnehmer, sich im Kreis aufzustellen. Und zwar am besten so, wie die Gruppe beim ersten Teil der Munterbrechung stand. Wenn noch alle Teilnehmer der ersten Runde da sind, können Sie die 3 Aufgaben – Alltagsaufgabe, besondere Aufgabe und Chaosaufgabe – mit einem Durchlauf wieder schnell in Erinnerung

1 A-B-C-D-Aufgabenmix

rufen. Fehlen Teilnehmer oder sind neue hinzugekommen, müssen Letztere eingeweiht werden. Und eine neue besondere Spur muss gelegt und trainiert werden.

Sobald die 3 Aufgaben wieder gut laufen, sammeln Sie die Gegenstände bei sich und erklären:

»Jetzt wird es ein wenig delikat. Denn wir bekommen es mit D wie delikaten Aufgaben zu tun. Ein rohes Ei kommt ins Spiel!«

Oho – das ist überraschend. Die Teilnehmer werden rätseln, ob es tatsächlich ein rohes Ei ist, das hier geworfen werden soll. Bitten Sie die Spieler, Ringe und anderen Schmuck an den Händen abzunehmen – das könnte dem Ei zum Verhängnis werden. Natürlich haben Sie darauf geachtet, dass das Ei in diesem

Raum im schlimmsten Fall tatsächlich ohne gravierende Folgen auf den Boden fallen kann. Und natürlich haben Sie im Hintergrund einen vollen Wischeimer und ein paar Tücher vorbereitet. Aber vielleicht wird das alles gar nicht nötig sein, denn häufig gelingt es den Gruppen sehr gut, die delikate Ware heil zu befördern.

»Wir machen es zunächst so. Im Spiel ist erst einmal nur die Alltagsaufgabe. Das rohe – delikate – Ei läuft auf der Spur der besonderen Aufgabe. Ich schlage vor, dass wir das Chaosstofftier zunächst beiseitelassen.«

Das kommt den meisten Gruppen sehr entgegen, denn jetzt gilt es, volle Aufmerksamkeit auf das zerbrechliche Ei zu richten, bis es wieder sicher bei Ihnen landet. Manche Gruppen sind stolz und erleichtert, wenn insbesondere die Sache mit der delikaten Aufgabe bewältigt ist. Dann ist es gut, die Munterbrechung zu beenden. Andere Gruppen fordern noch einen nächsten Schwierigkeitsgrad ein. Für sie ist klar, dass auch das Chaosstofftier in Kombination mit dem delikaten Ei probiert werden muss. Was jeweils passt, werden Sie gut entscheiden können, wenn Sie die Reaktionen der Gruppe beobachten.

1 A-B-C-D-Aufgabenmix

Kurz kommentiert:

Diese Munterbrechung wurde in unzähligen Kursen zum Hit. Wie ein roter Faden kann sich die Geschichte um die verschiedenen Aufgaben durchs Seminarprogramm ziehen. Zunächst nur die A- und B-Aufgaben, dann in Kombination mit der Chaosaufgabe und zuletzt das Ganze mit dem zerbrechlichen Ei. Hier lässt sich ein schöner Spannungsbogen kreieren: Es fängt ganz einfach an – und steigert sich von Mal zu Mal.

Den einzelnen Schritten können Sie auch jeweils eine kleine Auswertung anschließen: »Wie ist es Ihnen mit den vielen Aufgaben ergangen?«, »Was war für Sie als Einzelne, was für Sie als Team wichtig?«

Das kann insbesondere in Kursen, in denen es um die Zusammenarbeit der Teilnehmenden geht, wichtig und sehr gewinnbringend sein. Für die Munterbrechung an sich aber ist es nicht zwingend nötig. Hier geht es vor allem um eine kurze Abwechslung, um anschließend wieder mit frischer Energie konzentriert im Programm weiterarbeiten zu können.

2 Alexa, Andi, Anton

Kurz beschrieben:

Die Gruppe hat die Aufgabe, alle Namen der Anwesenden in alphabetischer Reihenfolge zu nennen. Jeder Teilnehmer sagt genau dann laut seinen Namen, wenn er vermutet, im Namensalphabet dran zu sein. Meldet sich jemand zu früh oder zu spät, wird wieder ganz vorne begonnen. So lange, bis einmal alle Namen fehlerfrei in der richtigen Abfolge gehört wurden. Variante für später: Die Namen werden rückwärts benannt, von Z bis A.

Teilnehmerzahl:

10 bis 30

Material:

keines

Besondere Anforderung an den Raum:

keine

Ausgangsform:

Alle Teilnehmenden können in der Position bleiben, in der sie sich gerade befinden: Im Kreis, in Reihen, mit oder ohne Tische – ganz egal.

Diese Munterbrechung setze ich gerne ein, wenn eine neue Gruppe am ersten oder zweiten Seminartag zusammenkommt und die Teilnehmenden sich vorher nicht kannten.

»Heute Vormittag haben wir von allen die Namen gehört. Beim folgenden Experiment haben Sie die Chance, die Namen noch einmal oder vielleicht auch ein paar weitere Male zu hören. Das funktioniert so: Unsere Aufgabe ist es, alle unsere Namen so schnell wie möglich zu nennen – und zwar in der Reihenfolge des Alphabets; also von A bis Z.«

Gespielt wird mit den Namen, auf die Sie sich mit der Gruppe geeinigt haben. Hier ein Beispiel mit Vornamen:

»Diejenigen, deren Namen mit einem Buchstaben ganz zu Anfang des Alphabets beginnen, sind als Erstes gefragt. Wer vermutet, in unserer Runde alphabetisch an der Spitze zu sein, beginnt: Nennen Sie einfach laut und deutlich Ihren Namen. Es folgt, wer meint, als Nächster im Alphabet zu kommen. Möglicherweise geht das Experiment ganz flott. Wenn jeweils die alphabetisch richtige Person ihren Namen nennt, laufen wir butterweich durchs Namensalphabet. Stimmt allerdings die Reihenfolge an einer Stelle nicht, beginnen wir wieder von vorn. Alles klar?«

Nun ist es häufig erst einmal still, denn es wird überlegt: »Bin ich die Nummer 1?« Dann wird vorsichtig jemand beginnen. Läuft die Sache glatt, halten Sie sich zurück. Schleicht sich ein Fehler ein, merken die Teilnehmer das schnell

2 Alexa, Andi, Anton

selbst. Denn eine andere Person wird rufen: »Stopp, ich komme vor dir!« Dann bitten Sie die Gruppe, wieder bei A anzufangen.

Variante von Z bis A

Mit manchen Gruppen geht es ganz fix. Da können Sie noch etwas mehr Tempo fordern. Oder Sie steigern den Grad der Herausforderung, indem Sie die Teilnehmer bitten, das Alphabet nun rückwärts zu durchlaufen. Entweder gleich im Anschluss an den ersten erfolgreichen Durchlauf oder später im Laufe des Seminartages als weitere Munterbrechung.

Kurz kommentiert:

Diese Munterbrechung ist ganz einfach, geht schnell, kommt ohne Material aus und lässt sich überall unkompliziert einsetzen. Alle im Raum sind beteiligt, werden gehört und gesehen. Die Herausforderung wirkt auf den ersten Blick einfach. Wenn dann aber die Namen flott genannt werden, kommt doch immer wieder die eine oder der andere ins Schleudern. In Gruppen mit guter Lern- und Fehlerkultur wird dann herzlich gelacht – für andere Gruppen ist es eine schöne Herausforderung: Hier gilt es auszuhalten, noch einmal von vorn zu beginnen.

Und: Für mich als Dozent ist das Namensalphabet eine prima Lernunterstützung, um mir die Namen der Gruppenmitglieder gut einzuprägen.

3 Bitte wenden!

Kurz beschrieben:

Die Teilnehmer stehen im Kreis. Sie als Spielleiter beginnen und geben ein Klatschzeichen an Ihren rechten Nachbarn: Der klatscht auch. So wandert das Klatschen durch die Runde. Ermuntern Sie die Teilnehmer, das Tempo zu steigern. Sobald in flotter Abfolge reibungslos geklatscht wird, unterbrechen Sie kurz: Wer ab jetzt schnell hintereinander zweimal klatscht, wenn er an der Reihe ist, löst einen Richtungswechsel aus. Das Klatschzeichen wandert auf diese Weise hin und her. Varianten mit Wettbewerbscharakter sind möglich. Und auch sitzend lässt sich »Bitte wenden!« durchführen. Dann klatschen die Teilnehmer auf die Tischplatte.

Teilnehmerzahl:

8 bis 20

Material:

keines

Besondere Anforderungen an den Raum:

Ausreichend Platz, damit alle Teilnehmenden in einem Kreis stehen können. Bei der sitzenden Variante ein Sitzungstisch, um den alle Teilnehmenden sitzen.

Ausgangsform:

Bitten Sie die Teilnehmenden, alles aus den Händen zu legen und sich in einem Kreis aufzustellen.

Wenn alle im Kreis stehen, sprechen Sie die Person rechts neben sich an:

»Wir haben viel über Prozesse gesprochen. Einen Prozess werden wir uns ganz praktisch anschauen. Sie bekommen gleich ein Signal. Bitte geben Sie das Signal rasch an Ihren rechten Nachbarn weiter.«

Nun demonstrieren Sie das Signal, indem Sie einmal in die Hände klatschen. Nicken Sie Ihrem Nachbarn zu – er kann es gleich übernehmen und weiter durch die Runde schicken. Klatsch, klatsch, klatsch. Lassen Sie das Signal 1 oder 2 Runden kreisen. Vielleicht ermuntern Sie die Teilnehmenden, das Signal noch ein wenig schneller zu übernehmen. Im Tempo wird nämlich später der Reiz der Munterbrechung liegen.

Nach 2 Runden fangen Sie das Signal ein, wenn es bei Ihnen ankommt:

»Das läuft ganz gut – um es nun ein wenig spannender zu machen, gibt es eine weitere Möglichkeit: Wer von nun an zweimal klatscht, löst einen Richtungswechsel aus. Wo also zweimal geklatscht wird, geht's zurück in die andere Richtung.«

Erneut starten Sie das Signal – nun ist volle Aufmerksamkeit gefordert, denn jederzeit kann sich die Richtung ändern.

3 Bitte wenden!

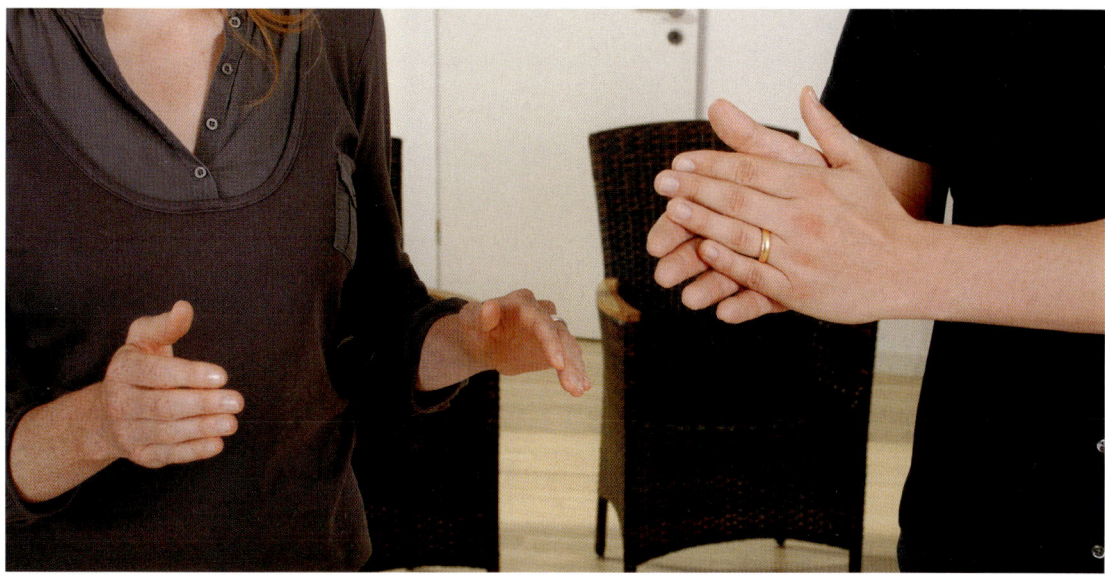

Und wenn die Sache flott läuft, wird mancher an der falschen Stelle dazwischenklatschen. Dann kann es einfach ohne Unterbrechung lachend weitergehen. Hat die Gruppe dabei jedoch den Faden ganz verloren, sorgen Sie für einen Neustart des Klatschzeichens. Nach etwa 10 bis 12 Runden beenden Sie die Munterbrechung. Und weiter geht es mit neuem Schwung im Seminartext.

Variante mit Wettbewerb und Schiedsrichter

Bei Gruppen, die Wettkämpfe lieben, ernenne ich manchmal eine Person zum Schiedsrichter. Sie steht in der Mitte des Kreises. Von dort aus gibt sie Startpunkt und Startrichtung an. Vor allem aber greift der Schiedsrichter ein, wenn eine Person nicht – oder an der falschen Stelle – geklatscht hat. Nur der Schiedsrichter entscheidet über Fehleinsätze. Allein er darf Teilnehmer, die falsch, nicht oder zu spät geklatscht haben, aus dem Kreis schicken. Wer vom Schiedsrichter hinausgewinkt wird, tritt einen Schritt zurück und verlässt den Kreis. Das geht so lange, bis nur noch eine kleine Zahl von Teilnehmenden aktiv beteiligt ist. Dann beenden Sie die Munterbrechung mit einem Applaus für die Gewinner – und natürlich auch für die, die wacker gekämpft haben, aber schon früher die Runde verlassen mussten. Der Schiedsrichter bekommt für seinen Einsatz ebenfalls einen Applaus – denn diese Aufgabe ist gar nicht so einfach.

3 Bitte wenden!

Variante im Sitzen

Mit »Bitte wenden!« können Sie auch sitzend – zum Beispiel bei Sitzungen am Konferenztisch – munterbrechen.

Voraussetzung dafür ist, dass alle um einen Tisch herum verteilt sitzen. Bitten Sie die Teilnehmer, die Tischflächen vor sich freizuräumen und beide Hände mit der Handfläche nach unten auf den Tisch zu legen. Wenn alle Hände liegen, erklären Sie:

»Nun bitte ich Sie alle, Ihre rechte Hand zu heben und rechts über die linke Hand Ihres rechten Nachbarn auf den Tisch zu legen.«

So entsteht eine neue Abfolge von Händen. Wie bei der Variante im Stehen wird auch hier ein Signal weitergegeben. Dieses Mal, indem die Teilnehmenden mit der offenen Handfläche einmal leicht auf den Tisch klopfen. In der Startphase wandert das Signal im Uhrzeigersinn um den Tisch. Dann führen Sie den Richtungswechsel ein. Wer – wenn er an der Reihe ist – schnell hintereinander zweimal auf den Tisch schlägt, löst einen Richtungswechsel aus.

Wenn auch dies nach einer Testrunde gut läuft, können Sie erklären:

3 Bitte wenden!

»Jetzt wird es ernst: Wer von jetzt an zu früh, zu spät oder an der falschen Stelle klopft, muss die entsprechende Hand vom Tisch – und damit aus dem Spiel – nehmen.«

Allmählich wird das Netz der Hände kleiner. In der Regel steigt damit auch das Tempo – und natürlich die Spannung!

Kurz kommentiert:

Mehrere Varianten sind bei dieser einfachen Munterbrechung möglich. Stehend, sitzend, leichter, schwerer, mit mehr oder weniger Wettbewerbscharakter.

Mit »Bitte wenden!« am Tisch munterbreche ich gerne ganz flott und unkompliziert Sitzungen. Zum Beispiel dann, wenn sich Debatten in die Länge ziehen. Die Übung bringt Tempo in die Runde – und das überträgt sich oft auch auf die Fortsetzung der Gespräche.

Wichtig bei allen Varianten: Es sollten keinesfalls mehr als 20 Teilnehmer sein; sonst dauert es einfach zu lange, bis das Signal zu den Einzelnen kommt.

4 Fingerjagd

Kurz beschrieben:

Die Teilnehmer stehen im Kreis. Ihre linke, flach nach oben geöffnete Hand halten sie auf Brusthöhe zwischen sich und ihrem linken Nachbarn. Gleichzeitig stellen alle ihren rechten Zeigefinger von oben in die geöffnete Hand des rechten Nachbarn. So sind alle verbunden. Auf ein Startzeichen hin haben die Teilnehmer zwei Aufgaben: Einerseits mit der linken Hand versuchen, den Zeigefinger des linken Nachbarn zu fangen. Andererseits mit dem eigenen rechten Zeigefinger fliehen, um dort nicht gefangen zu werden.

Material:

keines

Teilnehmerzahl:

5 bis unbegrenzt

Besondere Anforderungen an den Raum:

Ausreichend Platz, damit alle Teilnehmenden in einem Kreis stehen können.

Ausgangsform:

Bitten Sie alle Teilnehmenden, alles aus den Händen zu legen und sich in einem Kreis aufzustellen.

Wenn alle gut stehen, erklären Sie:

»Beim nächsten Seminarbaustein wird gleich unsere volle Aufmerksamkeit gefordert sein. Mit diesem Experiment bereiten wir uns darauf vor. Bitte nehmen Sie dazu Ihre linke Hand und öffnen Sie die Handfläche nach oben. Halten Sie diese geöffnete Hand nun auf Brusthöhe zwischen sich und Ihrem linken Nachbarn. Jetzt kommt Ihr rechter Zeigefinger ins Spiel. Bitte stellen Sie den rechten, ausgestreckten Zeigefinger in die linke, geöffnete Hand Ihres rechten Nachbarn. Sie sehen, hier ist schon volle Aufmerksamkeit gefordert. Doch die eigentliche Herausforderung kommt erst noch.«

Zugegeben, das hört sich zuerst kompliziert an. Wenn Sie als Moderator die beiden Haltungen vormachen, ist es aber ganz einfach. Sobald alle die Ausgangsposition gefunden haben, erklären Sie weiter:

»Häufig hat man im Leben mehrere Aufgaben gleichzeitig. Hier kommen zwei. Ich gebe Ihnen ein Startzeichen. Ihre eine Aufgabe wird sein, mit Ihrer linken Hand zu versuchen, den Zeigefinger Ihres linken Nachbarn zu fangen. Gleichzeitig – das ist Ihre zweite Aufgabe – achten Sie bitte darauf, dass Ihr Finger nicht von Ihrem rechten Nachbarn gefangen wird. Fangen und Fliehen sind also gleichzeitig

4 Fingerjagd

Denn wer mit der Hand den Finger des Nachbarn schon fast umschlossen hält, hat es bei der Jagd natürlich ungleich leichter. Jetzt kann es losgehen:

»Gleich kommt das Startzeichen. Dann fangen und fliehen Sie! Auf die Plätze, fertig, los!«

Die erfolgreichen Fänger jubeln, die Gefangenen denken über ihre Strategie für die nächste Runde nach. Schließen Sie noch 1 oder 2 Durchgänge an.

Variante mit Seitenwechsel

Und dann können Sie noch eine Variante einläuten: Das Prinzip bleibt gleich, nur die Richtung ändert sich. Denn jetzt bitten Sie die Teilnehmenden, mit der rechten Hand zu fangen und mit dem linken Zeigefinger zu fliehen ... Geben Sie den Leuten ein wenig Zeit, denn jetzt müssen alle umdenken.

gefordert. Eine Bitte: Packen Sie bei der Fingerjagd bitte so einfühlsam zu, dass der Finger Ihres Nachbarn gesund und schmerzfrei bleibt, auch wenn er von Ihnen gefangen wird.«

Nehmen Sie nun zu allen Teilnehmenden Blickkontakt auf und fragen Sie, ob alles klar ist. Vielleicht erinnern Sie die Gruppe noch einmal daran, die Handflächen der linken Hände flach zu halten.

4 Fingerjagd

Kurz kommentiert:

»Fingerjagd« – das ist ein echter Hit unter den Munterbrechungen, der viel Spaß macht! Sie geht flott, man kommt ohne Material aus und kann sie an nahezu allen Orten durchführen, auch mit sehr großen Gruppen. »Fingerjagd« lässt sich bei vielen Themen geschmeidig ins Programm einbauen: Immer dann zum Beispiel, wenn es in einer Veranstaltung um die Frage geht, wie 2 oder mehrere Themen oder Aufgaben möglichst zeitgleich bedacht und im entscheidenden Moment angepackt werden können.

5 Frische Luft an heißen Tagen

Kurz beschrieben:

Die Teilnehmer kommen in Paaren zusammen. Jedes Paar erhält einen Stapel Moderationskarten. Person A beginnt. Sie hat die Aufgabe, aus den Karten einen Fächer zu bilden und Person B damit frische Luft zuzufächeln. Dafür gibt es verschiedene Techniken. Person B genießt. Nach ein paar Minuten wird gewechselt – die Munterbrechung für wirklich heiße Lern- und Arbeitstage!

Teilnehmerzahl:

2 bis unbegrenzt

Material:

Moderationskarten oder andere kleine Papiere

Besondere Anforderungen an den Raum:

keine

Ausgangsform:

Bitten Sie die Teilnehmenden, alles aus den Händen zu legen und aufzustehen. Sie brauchen zwar ein wenig Platz, es funktioniert aber auch ganz unkompliziert im Kreis, hinter den Stuhl- oder Tischreihen.

»Es ist richtig sommerlich heiß hier drinnen – da täte ein wenig frische Luft wirklich gut. Die können Sie jetzt bekommen. Bitte finden Sie sich jeweils zu zweit zusammen.«

Wenn sich die Paare gefunden haben, fahren Sie fort:

»Jedes Team bekommt hier einen kleinen Stapel unserer viel genutzten Moderationskarten. Dieses Mal brauchen Sie nichts zu schreiben – bitte nutzen Sie die Karten stattdessen als Fächer für eine wohltuende frische Brise für Ihren Partner, Ihre Partnerin. Das geht so: In der ersten Runde übernimmt Person A die Rolle des Frischluftlieferanten. Nehmen Sie sich die Moderationskarten und fächeln Sie Ihrem Gegenüber frische Luftströme zu. So, dass es Person B guttut und sie es in vollen Zügen genießen kann.«

5 Frische Luft an heißen Tagen

Es gibt verschiedene Möglichkeiten, wie Sie für angenehme Luftzüge sorgen können:

- Sie können die Karten als Fächer nutzen.
- Sie können von oben nach unten, von rechts nach links oder diagonal wedeln.
- Sie können kurze schnelle oder langsame lange Züge machen.

Sicherlich fallen Ihnen auch noch weitere wohltuende Varianten ein. Beobachten Sie einfach Ihr Gegenüber. An der Mimik und den Lauten werden Sie erkennen, was besonders gut ankommt. Los geht's. Nach 2 Minuten wechseln wir – dann darf genießen, wer jetzt für frischen Wind sorgt.«

5 Frische Luft an heißen Tagen

Kurz kommentiert:

Diese ganz einfache Munterbrechung sorgte schon an manchen heißen Seminar- und Veranstaltungstagen für große Erleichterung.

Doch nicht nur das: Sie trug immer wieder dazu bei, dass wir in heißen Räumen überhaupt weiterdenken und -arbeiten konnten.

Denn: Eine Rahmenbedingung wie die Temperatur hat enormen Einfluss auf die Arbeitsfähigkeit. Gut, wenn man da mit kleinen Maßnahmen schnell reagieren kann.

6 Jahreszeitenorakel

Kurz beschrieben:

Die Teilnehmer erfahren durch das
»Jahreszeitenorakel«, was sie in der
laufenden oder kommenden Jahreszeit
unbedingt tun sollten. Dazu entscheidet
sich jeder Einzelne für eine Zahl zwischen
1 und 22. Dann wird der Jahreszeit
entsprechend eine Liste verteilt. Darin
aufgeführt sind 22 schöne Aktivitäten
für die Sommer-, Winter-, Frühlings-
oder Herbstmonate. Jeder Teilnehmer
findet bei seiner gewählten Zahl –
vom »Jahreszeitenorakel« bestimmt
– seine persönliche Aufgabe für die
kommenden Monate. Darüber können
sich die Teilnehmer kurz ungezwungen
austauschen.

Teilnehmerzahl:

1 bis unbegrenzt

Material:

für jeden Teilnehmer eine Kopie der 22
Vorschläge für die jeweils kommende oder
herrschende Jahreszeit

Besondere Anforderungen an den Raum:

keine

Ausgangsform:

Alle Teilnehmenden können in der Position
bleiben, in der sie sich gerade befinden:
Im Kreis, in Reihen, mit oder ohne Tische –
ganz egal.

»Wenn Sie rausschauen, sehen Sie: Der
Sommer (bzw. eine andere Jahreszeit)
steht vor der Tür (oder ist da, oder geht
bald zu Ende). Bevor wir im Thema weitermachen, haben Sie jetzt die Möglichkeit, vom »Jahreszeitenorakel« zu erfahren, was Sie in dieser Jahreszeit auf alle
Fälle (noch) tun sollten. Bitte entscheiden Sie sich dafür zunächst jeder für eine
Zahl zwischen 1 und 22.«

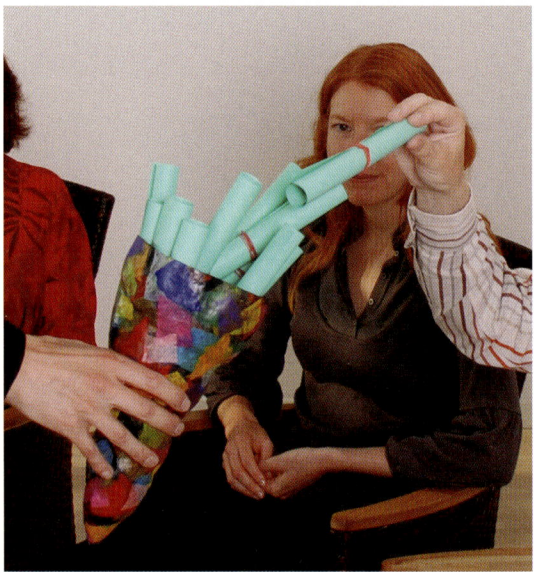

Geben Sie den Teilnehmenden ein paar
Augenblicke Zeit. (Bei Mathematiker-
gruppen kann der Zusatz wichtig sein,
eine ganze Zahl zu wählen ...)

»Haben Sie sich alle für eine Zahl entschieden?«

Schauen Sie in die Runde. Wenn die
Teilnehmer nicken, holen Sie die kopier-
ten Orakelbögen hervor.

6 Jahreszeitenorakel

Besonderen Spaß macht es, wenn Sie das »Jahreszeitenorakel« würdig präsentieren: Die Bögen auf farbigem Papier kopiert, aufgerollt mit Gummi oder Schleifchen oder in bunten Umschlägen verpackt. Reichen Sie jedem Teilnehmer einen Bogen.

»Hier finden Sie, was Sie in diesem Sommer unbedingt tun sollten. Schauen Sie einfach bei der von Ihnen ausgewählten Zahl nach – und finden Sie Ihr Sommervergnügen.«

Die Teilnehmer öffnen ihre Orakelpost – und finden ihren persönlichen Jahreszeitentipp. Das löst in den meisten Gruppen einen regen Austausch aus. Manche Gruppen beginnen, sich reihum ihre gefundenen Vorschläge vorzustellen. Dafür geben Sie gerne ein paar Augenblicke Zeit.

Kurz kommentiert:

Eine erste »Sommerliste« fand ich vor vielen Jahren in einem Urlaub in irgendeiner Zeitschrift. Die Idee der Sammlung gefiel mir, und ich begann, in den letzten Frühlings- und ersten Sommerwochen entsprechende, ergänzte Listen in den Kursen zu verteilen. Wo auch immer ich den Bogen verteilte, wurde er mit Freude aufgenommen. In vielen Firmen, in denen ich sie vor Jahren ausgegeben hatte, sehe ich die bunten Bögen noch heute in Kaffeeecken oder an Schreibtischen hängen.

Weil die Sommerliste so gut ankam, der Sommer aber so kurz ist und die meisten Seminare zu anderen Zeiten stattfinden, entstanden für die restlichen Jahreszeiten weitere Bögen. So sind Sie rund ums Jahr versorgt.

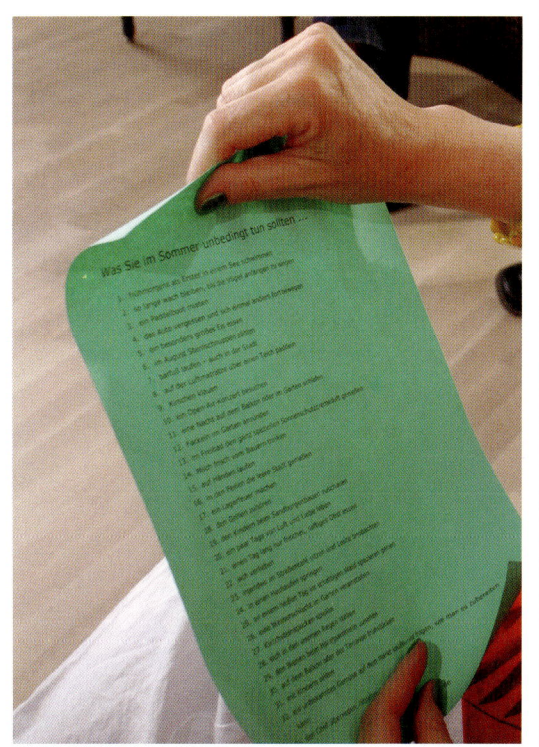

6 Jahreszeitenorakel

22 Dinge, die ich im Frühling unbedingt tun sollte

1. einen Strauß duftende Wiesenblumen pflücken
2. jemandem eine Liebeserklärung machen
3. einen Tag lang Kinder hüten und die Welt mit ihren Augen entdecken
4. den ersten Schluck kühles Bier im Biergarten genießen
5. sich einen Frühjahrshaarschnitt zulegen
6. eine neue Sportart ausprobieren
7. Goethes »Osterspaziergang« aus »Faust« lesen
8. eine Maiwanderung machen
9. eine fremde Stadt entdecken
10. frischen Rhabarberkuchen essen
11. auf einem Flohmarkt herumstöbern
12. Badehose oder Bikini kaufen
13. Spritztour mit einem Cabriolet machen

14. den Kuckuck hören
15. bunte Tulpen verschenken
16. frischen Spargel essen
17. die ersten frisch-grünen Blätter begrüßen
18. eine Grillparty geben
19. ins Open-Air-Kino gehen
20. mit Capuccino und Zeitung die Straßencafésaison eröffnen
21. jemanden in den April schicken
22. ausgelassen in den Mai tanzen

6 Jahreszeitenorakel

22 Dinge, die ich im Sommer unbedingt tun sollte

1. frühmorgens als Erster in einem See schwimmen
2. einen Tag lang nur frisches, saftiges Obst essen
3. ein Paddelboot mieten
4. auf dem Balkon oder der Terrasse frühstücken

5. sich verlieben
6. auf Händen laufen
7. Kirschen klauen
8. ein Lagerfeuer machen
9. mit Kindern zelten
10. eine Nacht auf dem Balkon oder im Garten schlafen
11. ein Open-Air-Konzert besuchen
12. ein besonders großes Eis essen
13. auf der Luftmatratze über einen Teich paddeln
14. in den Ferien die leere Stadt genießen
15. ein paar Tage von Luft und Liebe leben
16. so lange wach bleiben, bis die Vögel anfangen zu singen
17. barfuß laufen – auch in der Stadt
18. im Straßencafé sitzen und Leute beobachten
19. in einen Heuhaufen springen
20. sich in den warmen Regen stellen
21. an einem heißen Tag im schattigen Wald spazieren gehen
22. den Kindern beim Sandburgenbauen zuschauen (und mitbauen!)

6 Jahreszeitenorakel

22 Dinge, die ich im Herbst unbedingt tun sollte

1. Urlaubsfotos einkleben
2. ein Buch in einem Rutsch lesen
3. ein Wochenende in den Bergen wandern
4. einen Schal für Weihnachten stricken
5. mit den Füßen durchs Herbstlaub schlendern
6. einen Kürbis aushöhlen und ein Gesicht hineinschnitzen
7. als Letzter kurz vor Schließung im Freibad schwimmen
8. eine Reise zum Indian-Summer nach Neuengland machen
9. in ein Museum in der Nähe gehen, in dem ich noch nie war
10. neuen Wein trinken
11. Kastanien sammeln
12. Herbstgedichte lesen
13. im Nebel spazieren gehen
14. Pilze sammeln
15. eine Nacht durchtanzen
16. Martinslaternen basteln
17. ein Buch schreiben
18. Zwiebelkuchen backen
19. Drachen steigen lassen
20. Sylvesterpläne schmieden
21. zum Spieleabend einladen
22. Äpfel direkt vom Baum essen

6 Jahreszeitenorakel

22 Dinge, die ich im Winter unbedingt tun sollte

1. an einem Wintermorgen ausgiebig Zeitung lesen
2. einen Tag lang Briefe schreiben
3. sich endlich versöhnen
4. Schlitten fahren
5. einen Saunatag einlegen
6. Bratäpfel backen
7. eine schöne Mütze kaufen
8. Schlittschuh laufen
9. einen Schneemann bauen
10. jemandem eine Fantasie-Massage anbieten
11. auf dem Weihnachtsmarkt Glühwein trinken

12. ein Vollbad mit Düften nehmen
13. Lieblingsweihnachtskekse backen
14. einen alten Schwarm mal wieder anrufen
15. auf eine warme Insel fliegen
16. ein heißes Fußbad nehmen
17. sich mit einer heißen Wärmflasche ins Bett kuscheln
18. Freunden Kinderfotos zeigen
19. ein Weihnachtskonzert erleben
20. Geschenke kreativ verpacken
21. eine lange verstaubte CD oder Schallplatte anhören
22. ein Regal ausmisten und sich über den freigewordenen Platz freuen

7 Kanon

Kurz beschrieben:

Die Lernenden stehen und singen gemeinsam ein Lied. Zum Beispiel »Bruder Jakob« oder »Froh zu sein bedarf es wenig«. Zuerst wird einmal gemeinsam gesungen, dann in vier Gruppen im Kanon.

Teilnehmerzahl:

8 bis unbegrenzt

Material:

Liedblätter

Ausgangsform:

Die Teilnehmenden stehen.

Vor einigen Jahren standen die Teilnehmenden eines schönen Seminartages zur Abschlussrunde in einem großen Halbkreis. Als ich Bögen mit zwei Feedback-Fragen verteilte, scherzte eine Österreicherin: »Jetzt singen wir ein Lied!«. »Das wäre klasse – aber das traue ich mich nicht«, war meine spontane und ehrliche Antwort. Denn im Seminar ein Lied anzustimmen – das schien mir unvorstellbar.

Die Szene hat aber nachgewirkt. Als ich auf einer Bahnreise meinem Kollegen Gert davon erzählte, meinte er: »Sing doch mal einen Kanon mit den Leuten im Teamtraining. Das ist bestimmt lustig.«

Es hat noch ein wenig gedauert, bis ich zum ersten Mal den Mut hatte. Inzwischen geht es zunehmend leichter, denn wenn ich mit Gruppen gesungen habe, dann war es immer etwas Besonderes. Und so stelle ich Ihnen nun eine der einfachsten und doch ungewöhnlichsten Munterbrechungen vor.

Bitten Sie die Teilnehmenden, sich von ihren Plätzen zu erheben. Wenn alle stehen, erklären Sie:

»Bevor wir im Programm weitermachen, liegt eine besondere Herausforderung vor uns. Jetzt können wir prüfen, wie gut wir hier miteinander zusammenarbeiten, wie es uns gelingt, aufeinander zu hören und miteinander zu harmonieren. Wir singen. Nicht einfach so, sondern im Kanon. Unser Lied ist leicht mitzusingen und es ist den meisten wahrscheinlich bekannt: »Bruder Jakob«. Wir beginnen mit der deutschen Version. Damit dabei – und vielleicht nachher bei den anderen Sprachen – alle gut mitsingen können, habe ich hier ein Textblatt. Zuerst singen wir es einmal gemeinsam durch. Ich stimme an.«

Nun entsteht leicht nervöse Unruhe. Da ist es gut, wenn Sie die Munterbrechung schwungvoll weiter anleiten – ohne langes Abwarten und Zögern.

7 Kanon

Denn je länger die Leute nachdenken, desto stärker können innere Vorbehalte gegen das Singen an sich und speziell im Seminar aufkommen. Manchmal frage ich, ob Menschen in der Runde sind, die in einem Chor singen. Das ist erstaunlich oft der Fall und hat meist beruhigende Wirkung auf die Gruppe.

Dann geht es los. Mich kostet es nach wie vor Überwindung, das Lied anzustimmen. Denn ein geübter Sänger bin ich nicht. Doch auch meine Aufregung legt sich, sobald die Gruppe einstimmt. Ein- oder zweimal singen wir das Lied gemeinsam. Dann können Gruppen gebildet werden. Ich hatte zunächst große Bedenken, ob das Singen im Kanon

7 Kanon

gelingen würde. Doch mit allen Gruppen, mit denen ich es bislang erprobt habe, war das gar kein Problem.

Sie können die Gruppe unterstützen, indem Sie zu den jeweiligen Teilgruppen kurz vor ihrem Einsatz Blickkontakt aufnehmen und ihnen zum Start aufmunternd zunicken. Oft aber finden die singenden Teilnehmer ganz selbständig ihre Einsätze. Denn: Als Kinder, in der Freizeit und in der Schule haben die meisten doch viel gesungen – die Einsätze bei den Klassikern sind ihnen dabei in Fleisch und Blut übergegangen.

Am Schluss sind Sie als Chorleitung noch einmal gefragt. Schön ist, wenn alle gemeinsam enden – und nicht Einzelne noch ein paar Takte länger singen. Da hilft eine rechtzeigige, deutliche Geste. Am besten wie bei den »echten« Dirigenten, die gegen Ende zum Beispiel beide Arme weit öffnen.

Und dann genießen Sie gemeinsam den Abschlussklang und die besondere Stimmung.

Kurz kommentiert:

Obwohl an sich nichts Spektakuläres passiert, ist diese Munterbrechung eine ganz außergewöhnliche. Denn gemeinsam gesungen wird in Seminaren und Meetings eher selten. Da ist ein spezieller Mut bei der Anleitung gefordert. Wichtig dabei: Prüfen Sie genau, ob diese Munterbrechung zu den Teilnehmenden und zur Situation passt. Eine tragfähige Beziehung zu den Lernenden und eine gelöste Atmosphäre sind wichtige Schlüssel für den Erfolg.

In international gemischten Gruppen kann gerade »Bruder Jakob« noch eine besondere Note bekommen. Da habe ich schon erlebt, dass Teilnehmende spontan ihre Version in ihrer Sprache vorgestellt und mit uns gesungen haben. Auf finnisch, türkisch oder polnisch ...

7 Kanon

Bruder Jakob

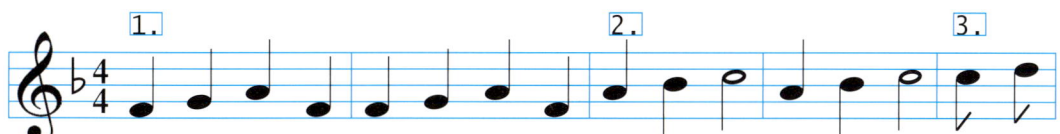

Bru - der Ja - kob, Bru - der Ja - kob! Schläfst du noch? Schläfst du noch? Hörst du

nicht die Glo-cken, hörst du nicht die Glo-cken? Ding, dang, dong! Ding, dang, dong!

Französisch:
Frère Jacques, dormez-vous?
Sonnez les matines, ding, deng, dong.

Englisch:
Are you sleeping, Brother John?
Morning bells are ringing, ding, dang, dong.

Italienisch:
Frà Martino, campanaro, dormi tu?
Suona le campane, Din don dan.

Türkisch:
Jakup usta, Haydi kalk,
saatine bir bak, bom bom bom.

Polnisch:
Panie Janie, rano wstac,
wszystkie dzwrony bija, bim, bam, bum.

Spanisch:
Martinillo, ¿dónde estás?,
Toca la campana, Din, don, dan.

Niederländisch:
Vader Jacob, slaapt gij nog?
Alle klokken luiden, bim, bam, bom.

Griechisch:
Tin gambana tu choriu maf tin akute pädja.
Ti jlika ssimäni, din dan dan.

Froh zu sein bedarf es wenig

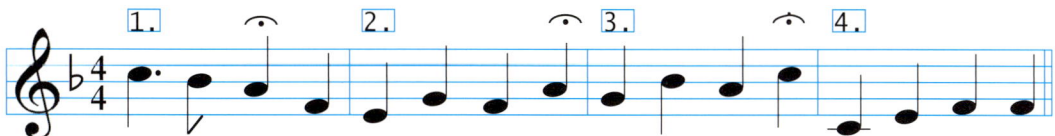

Froh zu sein be - darf es we - nig, und wer froh ist, ist ein Kö-nig.

71

8 King-Kong-Atmung

Kurz beschrieben:

Die Teilnehmer stehen im Raum verteilt. Für diese Atemübung bitten Sie die Lernenden zuerst, den Oberkörper ganz aufzurichten. Dann atmen alle tief ein und halten die Luft an. Durch das Anhalten der Luft wird der Parasympathikus, auch Ruhenerv genannt, aktiviert. Für die Zeit des Luftanhaltens gibt es nacheinander 3 verschiedene Aufgaben: Im ersten Schritt bitten Sie die Teilnehmer, mit ihren Fingern leicht wie Klavierspieler auf ihren Brustkorb zu klopfen, so lange, bis sie wieder kraftvoll ausatmen. Beim zweiten Anhalten der Luft klopfen sich die Teilnehmer mit den flachen Händen auf ihren Brustkorb, beim dritten Mal – wie King-Kong mit ihren Fäusten. So sorgen sie für Durchblutung und Aktivierung.

Teilnehmerzahl:

1 bis unbegrenzt

Material:

keines

Besondere Anforderungen an den Raum:

keine

Ausgangsform:

Bitten Sie die Teilnehmenden, alles aus den Händen zu legen, sich von ihren Plätzen zu erheben und sich im Raum zu verteilen. Ganz egal, ob hinter Tischen, Stühlen, im Halbkreis, Kreis oder in Reihen, so wie es gerade am einfachsten geht. Vielleicht sprechen Sie ein paar Leute in Fensternähe mit der Bitte an, die Fenster für kurze Zeit zu öffnen, damit für die anstehende »King-Kong-Atmung« ordentlich frische Luft in den Raum kommt.

Wenn alle gut stehen, erklären Sie:

»Wir haben viel geschafft heute Vormittag – es ist Zeit, einmal tief durchzuatmen, bevor wir uns an die nächste Fragestellung machen. Bei der »King-Kong-Atmung« werden wir alle neue Kraft tanken können.«

Sobald der Name »King-Kong« gefallen ist, beginnen in vielen Kursen einzelne oder sogar mehrere Menschen, sich lachend mit den Fäusten auf die Brust zu schlagen. Eben so, wie der wohl berühmteste Gorilla der Filmgeschichte es tat.

»Ja, wir werden es gleich auch machen wie der Affe. Aber zunächst bitte ich Sie, sich gut aufzurichten. Stellen Sie sich vor, am obersten Punkt Ihres Scheitels wäre – wie bei einer Marionette – ein Faden angebracht, der Sie weit nach oben zieht. Wenn Sie so aufgerichtet stehen, bitte ich Sie, lang und tief einzuatmen. Wenn Ihre Lungen gut gefüllt sind, halten Sie die Luft bitte an. Durch das Anhalten der

8 King-Kong-Atmung

Luft wird Ihr Parasympathikus aktiviert. Dieser Teil des vegetativen Nervensystems wird auch Ruhenerv genannt. Er dient dem Stoffwechsel, der Regeneration und dem Aufbau körpereigener Reserven. Bei diesen wichtigen Prozessen können Sie ihn unterstützen, indem Sie die Luft lange anhalten. Für Durchblu-

tung und Aktivierung können Sie zudem sorgen, indem Sie – solange Sie die Luft anhalten – sachte mit den Fingern beider Hände wie ein Klavierspieler auf Ihren Brustkorb klopfen. So lange, bis Ihre Luftreserven aufgebraucht sind und Sie wieder genussvoll ausatmen.«

8 King-Kong-Atmung

Im ersten Teil der »King-Kong-Atmung« wird also die Luft angehalten und mit den Fingern leicht auf den Brustkorb geklopft. Wenn alle Teilnehmer ausgeatmet haben, erklären Sie die zweite Variante:

»Im zweiten Schritt bitte ich Sie erneut, tief einzuatmen. Wenn Sie die Luft dieses Mal anhalten, klopfen Sie bitte mit den flachen Händen auf Ihren Brustkorb. So, dass Sie sich aktiv wach klopfen, ohne sich weh zu tun. Vielleicht spüren Sie dabei ein angenehmes Vibrieren im Oberkörper?«

Wieder wird eingeatmet und geklopft. Dann erklären Sie die dritte Variante:

»Jetzt kommt die eigentliche »King-Kong-Atmung«: Dieses Mal trommeln wir mit den Fäusten auf den Brustkorb, wenn wir die Luft anhalten. Wie der Gorilla tanken wir so Kraft für die nächsten Herausforderungen. Los geht's. Bitte atmen Sie tief ein. Halten Sie die Luft an – und trommeln Sie.«

Kurz kommentiert

Die »King-Kong-Atmung« habe ich bei meiner Kollegin Andrea Gebhardt kennen gelernt. Die Stressbewältigungstrainerin setzt diese Atemübung ein, damit die Teilnehmer in Lampenfieber- und Prüfungssituationen zur Ruhe kommen können.

In den Kursen kann ich vielen Leuten mit der »King-Kong-Atmung« eine Freude bereiten. Das bewusste Atmen scheint gut zu tun und Spaß zu machen. Oft bin ich mir dabei unsicher, ob es an den Atemübungen oder doch mehr am lustigen Namen liegt ...

9 Knobeln

Die Teilnehmer knobeln in Paaren aus, wer beim nächsten Arbeitsschritt beginnen darf. Wir verwenden die 3 bekannten Knobelzeichen: Stein, Papier und Schere. Wer in 3 Knobelrunden mehr Punkte erzielt, darf im nächsten Schritt starten oder erhält einen anderen kleinen »Vorteil«.

Teilnehmerzahl:

2 bis unbegrenzt

Material:

keines

Besondere Anforderungen an den Raum:

keine

Ausgangsform:

Bitten Sie die Teilnehmenden, alles aus den Händen zu legen. Es ist egal, ob sie dabei stehen oder sitzen. Wichtig ist, dass jeweils zwei Personen zusammenkommen und sich gegenüberstehen oder -sitzen.

Im thematischen Teil Ihres Seminars oder in Ihrer Konferenz steht eine Partnerarbeit an. Die Teilnehmenden sollen sich zum Beispiel gegenseitig zu vorgegebenen Fragen interviewen. Zunächst bitten Sie die Lernenden, sich in Paaren zusammenzufinden: Entweder mit den direkten Nachbarn oder mit Kollegen nach Wahl. Wichtig ist, dass jeder Teilnehmer einen Partner hat. Bei ungerader Zahl machen Sie selbst mit. Wenn die Paare gebildet sind, erklären Sie:

»Als Nächstes bitte ich Sie, in den Paaren die Fragen zu beantworten, die Sie am Flip-Chart sehen. Sie haben insgesamt 20 Minuten Zeit. In der ersten Hälfte der Zeit stellt Person 1 die Fragen, in der zweiten Halbzeit Person 2. Nun müssen Sie nur noch herausfinden, wer als Erstes interviewt und wer als Zweites. Damit das ohne Streit gelingt, bitte ich Sie auszuknobeln, wer beginnen darf. Viele von Ihnen werden die Knobelregeln von früher kennen. Ich mache es Ihnen kurz vor, am besten ganz praktisch. Dazu brauchen wir einen Freiwilligen. Wer hat Lust, es kurz mit mir vorzumachen?«

Meist meldet sich schnell ein Knobelexperte aus der Runde. Stellen oder setzen Sie sich ihm gegenüber. Nun erklären Sie:

»Frederik und ich wollen herausfinden, wer gleich nachher in unserem Team beginnen darf. Wir knobeln es mit unseren rechten Händen aus. Zunächst bilden wir eine Faust und halten die rechten Arme nach oben. Jeder von uns

9 Knobeln

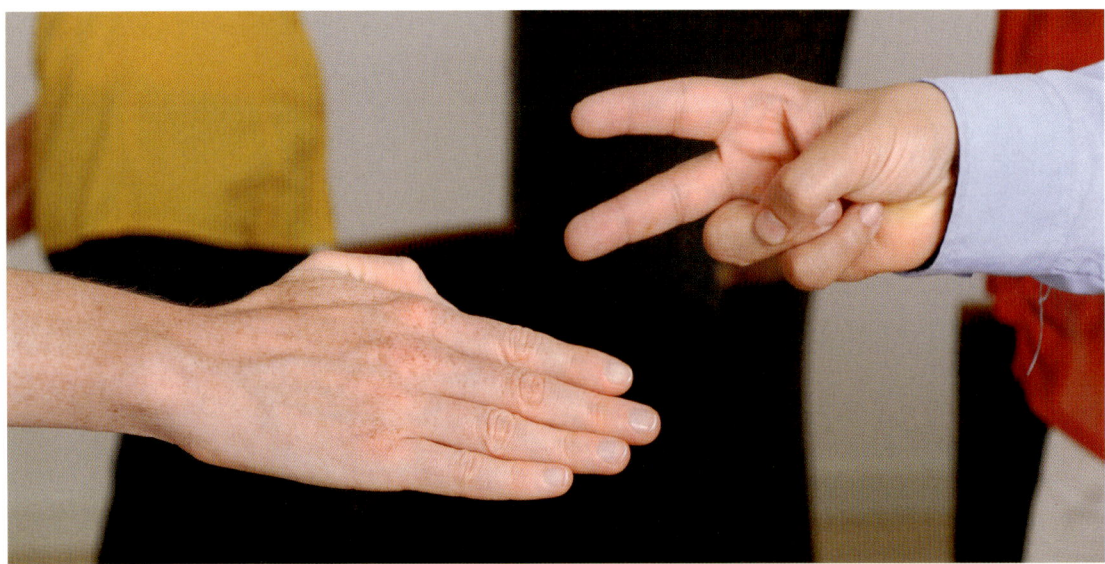

überlegt sich, welches Knobelzeichen er gleich zeigen wird. Zur Auswahl haben wir Stein, Papier und Schere.

- Für den Stein bilden wir mit unserer Hand eine Faust.
- Für das Papier halten wir die Hand ganz flach.
- Und für die Schere spreizen wir Zeige- und Mittelfinger.

Wenn wir uns beide für ein Zeichen entschieden haben, kann der erste Spielzug beginnen. Gemeinsam bewegen wir unseren Arm dreimal mit geschlossener Faust nach unten. Beim dritten Mal zeigen wir unser jeweils ausgewähltes Knobelzeichen. Wir machen es gleich mal vor: Eins, zwei, drei! Aha. Frederik hat die Schere, ich das Papier. Weil die Schere das Papier zerschneiden kann, hat Frederik den ersten Punkt gewonnen.

Wer wann gewinnt, ist ganz einfach. Es gibt 3 Regeln:

- Die Schere zerschneidet das Papier – und gewinnt.
- Das Papier wickelt den Stein ein – und gewinnt.
- Der Stein macht die Schere stumpf – und gewinnt.

Haben beide Partner das gleiche Zeichen gewählt, wird der Durchgang wiederholt.

Bitte machen Sie mit Ihrem Partner 3 Spielzüge. Bei jedem Knobelzug können Sie einen Punkt gewinnen. Wer am Ende die meisten Punkte hat, darf gleich als Interviewer mit den Fragen beginnen. Haben Sie noch Fragen zum Knobeln?«

9 Knobeln

Oft fragen Teilnehmer, ob sie weitere Knobelzeichen – zum Beispiel den Brunnen – nutzen können. Das ist natürlich möglich. Hauptsache, die Paare ermitteln fair und flott, wer gleich anfangen darf.

Dann geben Sie den Startschuss. Alle Paare bringen sich in Knobelstellung und legen los. Manche machen erst noch einen Probelauf, andere beginnen sofort.

Kurz kommentiert:

»Knobeln«, das ist ein ganz alter Zeitvertreib, der viel Spaß machen kann und sich prima als kleine Munterbrechung für zwischendurch eignet. Es lässt sich leicht erklären und lernen. Es geht unkompliziert und schnell. Und doch sind alle aktiv. Natürlich könnten die Teilnehmer gut selbst – und ohne Knobeleinlage – entscheiden, wer als Erstes die Fragen stellen darf. Es muss nicht extra bestimmt werden. Durch das »Knobeln« gewinnt der nächste Schritt jedoch an Bedeutung. Nun ist es eine Ehre, beginnen zu dürfen. Und bevor es mit der Arbeit in den Paaren weitergeht, kommt noch einmal ordentlich Schwung in den Raum.

10 Nur keine 1!

Kurz beschrieben:

Die Teilnehmer sitzen in 3 Teams beieinander. Mit einem großen Schaumstoffwürfel haben die Gruppen die Aufgabe, so viele Punkte wie möglich zu erwürfeln. Team 1 erhält den Würfel zuerst. Die Spieler können würfeln, solange sie wollen. Alle erwürfelten Punkte werden addiert. Wenn das Team denkt, genügend Punkte gesammelt zu haben, beendet es den Spielzug. Die Punkte werden am Flip-Chart festgehalten. Würfelt die Gruppe vor dieser Entscheidung allerdings eine »1«, verfallen alle in diesem Spielzug erwürfelten Punkte. Der Würfel geht an die nächste Gruppe. 3 Runden lang wird gespielt. Wer am Ende die meisten Punkte hat, ist Spielsieger.

Teilnehmerzahl:

3 bis 30

Material:

- 1 großer Schaumstoffwürfel
- Flip-Chart, Pinnwand oder Tafel und dazu geeignete Stifte
- möglicherweise ein kleiner Preis für das Gewinner-Team (und für die Verlierer-Teams auch)

Besondere Anforderungen an den Raum:

Eine Fläche, auf der mit dem Schaumstoffwürfel für alle gut sichtbar gewürfelt werden kann.

Ausgangsform:

Bilden Sie 3 ungefähr gleich große Teams. Am einfachsten so, wie die Leute gerade sitzen. Prima ist, wenn die Teilnehmer jedes Teams mit ihren Stühlen ein wenig zusammenrücken, damit alle gut erkennen können, wer zu welcher Gruppe gehört.

Wenn die 3 Teams gefunden sind, erklären Sie:

»Wir haben heute viel über Entscheidungen gesprochen. In den nächsten Minuten werden Sie in Ihren Teams viele Entscheidungen treffen. Mal sehen, wie gut Ihnen das gelingt. An sich ist die Sache ganz einfach: Alle Teams haben die Aufgabe, mit diesem großen Schaumstoffwürfel so viele Punkte wie möglich zu erwürfeln. Wir machen 3 Spielrunden, in denen Sie Punkte sammeln können. Das Team, das am Ende insgesamt die meisten Punkte gesammelt hat, hat gewonnen. Team 1 wird gleich beginnen. Sie können so lange würfeln, wie Sie wollen. In Ihrem Team entscheiden Sie gemeinsam, wie lange Sie würfeln. Alle Augen, die Sie erwürfeln, werden zusammengezählt. So lange, bis Sie sich entscheiden, den Spielzug zu beenden. Dann kommt Team 2 an die Reihe. Eines allerdings darf Ihnen nicht passieren: Sie dürfen keine »1« würfeln. Liegt doch die »1«

10 Nur keine 1!

oben, ist das gleichzeitig das Ende Ihres Spielzuges. Alle in dieser Runde erwürfelten Punkte verfallen – und das nächste Team darf sein Glück versuchen.

Sie sehen: Von Ihrer Entscheidung, wie lange Sie würfeln – und natürlich auch von Ihrem Glück – hängt ab, wie viele Punkte Sie erwürfeln. Als Team entscheiden Sie nach jedem Wurf, ob Sie weiterwürfeln oder ob Sie die bereits erwürfelten Punkte sichern wollen. Wollen Sie aussteigen, dann teilen Sie mir gemein-

sam deutlich mit, dass Sie den Spielzug beenden. Dann trage ich die erwürfelten Punkte hier am Flip-Chart in Ihrer Spalte ein. Punkte, die hier stehen, sind Ihnen sicher. Sie verfallen auch nicht, wenn Sie in einem späteren Spielzug eine »1« würfeln.

Hier auf dem Flip-Chart sehen Sie: Wir spielen 3 Runden. Am Ende werden die Punkte jedes Teams zusammengezählt. Wer die meisten Punkte hat, hat gewonnen.

10 Nur keine 1!

Häufig sprechen sich die Gruppen nun kurz ab, rücken enger zusammen. Manche Teams klären, wer als Erstes würfelt oder denken über ihre Strategie nach. Wenn alles klar ist, bekommt Team 1 den Würfel und beginnt.

Meine Empfehlung: Zählen Sie die erwürfelten Augen laut mit, nennen Sie vor jedem Wurf laut den Zwischenstand. »Nur keine 1!« kann Gruppen – insbesondere dann, wenn die Teilnehmer Freude am Wettstreit haben – ordentlich in Kampflaune bringen. Da ist es gut, wenn Sie ganz ruhig und sachlich immer wieder den Stand der Punkte nennen. Ich habe schon Gruppen von Erwachsenen erlebt, die ernsthaft in Streit geraten wären, hätte ich hier nicht als Spielleiter die klare Regie übernommen. Fragen Sie daher auch klar nach, wenn sich die Gruppe entscheidet, den Spielzug zu beenden, und tragen Sie das Ergebnis in der entsprechenden Spalte ein. Erst dann folgt die nächste Gruppe. Würfelt eine Gruppe die gefürchtete »1«, erhält sie in dieser Spielrunde keine Punkte. Anstelle der »0« trage ich hier immer strahlende Sonnen ein – das macht das Verlieren etwas leichter. Für manche Gruppen endet das Spiel mit lauter Sonnen, auf die sie mächtig stolz sind ...

Wenn alle Gruppen ihren dritten Spielzug beendet haben, addieren Sie die Punkte. Wer die meisten Punkte erwürfelt hat, ist Spielgewinner. Vielleicht haben Sie für die Sieger einen kleinen Preis – und vielleicht auch einen für die Gruppen, denen die »1« in die Quere kam. So sind alle beschenkt, und es kann frisch weitergehen im Seminar- oder Tagungsprogramm.

10 Nur keine 1!

Kurz kommentiert:

Das Spannende an dieser Munterbrechung: »Nur keine 1!« ist immer anders: Manche Gruppen reagieren mit großer Kampfesfreude. Laut wird gejohlt, wenn im eigenen Team die hohen Zahlen fallen und hämisch applaudiert, wenn sich die Gegenmannschaft mit einer »1« aus dem Spielzug würfelt. Und an anderen Tagen läuft das Würfeln ganz ruhig und besonnen ab. Die Spielenden beraten sich ausgiebig, und die Munterbrechung plätschert dahin.

Hinzu kommt der unberechenbare Würfel: Während an manchen Tagen eine »1« die andere jagt und es den Teams kaum gelingt, Punkte zu sammeln, erwürfeln die Gruppen ein anderes Mal hohe Werte – und die Munterbrechung dauert dementsprechend auch länger. Eine Munterbrechung voller Überraschungen!

11 Pausenrätsel

Kurz beschrieben:

Die Teilnehmer erhalten vor der Mittagspause oder vor dem Feierabend ein herausforderndes Rätsel. Wer es als Erstes knackt, gewinnt einen Preis. Bei mehreren richtigen Antworten wird gelost.

Teilnehmerzahl:

1 bis unbegrenzt

Material:

- Flip-Chart, Tafel oder Kopie
- Preise für Gewinner

Besondere Anforderungen an den Raum:

keine

Ausgangsform:

Alle Teilnehmenden können in der Position bleiben, in der sie sich gerade befinden: Im Kreis, in Reihen, mit oder ohne Tische – ganz egal.

Im Sommer vor einigen Jahren erhielt ich von einer Kollegin eine E-Mail mit dem Betreff »Fröhliches Rätselraten«.

Nun saß ich da, mit diesem »simplen« Rätsel. Mehrere Tage lang habe ich darüber gebrütet und es schließlich mit einem Freund nach einem guten Glas italienischem Rotwein lachend gelöst. Denn in der Tat: Es ist nicht ganz einfach, aber dann doch so simpel!

Die Italiener im Restaurant sahen uns unsere Rätselfreude an und waren neugierig. Und wenige Minuten später wurde in der ganzen Trattoria munter mitgerätselt. Das hat so viel Spaß gemacht, dass ich begann, das Rätsel in Seminaren einzusetzen. Zum Beispiel so:

»Viele knifflige Fragen haben wir heute schon gelöst. Gleich beginnt die Mittagspause. Damit Sie beim Essen keine Entzugserscheinungen bekommen, gebe ich Ihnen ein Rätsel mit auf den Weg. Es ist ganz einfach. Ich bin gespannt, wer um 14.30 Uhr mit einer Lösung zurückkehrt.«

Dann schreibe ich das Rätsel aufs Flip-Chart oder an die Tafel. Oder ich verteile

Von:	Eva-Maria Grimm	An:	h.gross@orbium.de
Betreff:	»Fröhliches Rätselraten«		

Hallo zusammen,

ein nettes Rätsel, das wirklich funktioniert. Versucht mal, es zu lösen. Bin gespannt, ob Ihr draufkommt. Viel Spaß beim »Gripsanstrengen« :)

Was ist größer als Gott? - Bösartiger als der Teufel? - Die Armen haben es! - Die Glücklichen brauchen es! - Und wenn du es isst, stirbst du!

Es ist nicht ganz einfach, aber dann doch sehr simpel.

Eva

11 Pausenrätsel

Kopien. Und dann schicke ich die Leute in die Pause.

Vor allem bei Gruppen, die sich noch wenig kennen und nicht so recht wissen, worüber sie sich beim Mittagessen unterhalten sollen, ist die Aufgabe sehr willkommen. Bis das Rätsel geknackt ist, haben sie ein erstes, unverbindliches Tischthema.

Das kleine Rätsel bringt auch Spannung in die Gruppe. Wer wird es knacken? Manchmal sind unter den ersten Rätselgewinnern Menschen, die bisher noch wenig gesagt haben. Da habe ich schon erlebt, dass das Rätsel ein gutes Sprungbrett für sie war, sich mehr einzubringen.

Gerne gebe ich das Rätsel auch am Ende des Seminartages mit in den Feierabend, beziehungsweise in die Tage zwischen den Seminarteilen. Und manchmal setze ich kleine Preise (zum Beispiel Schokonikoläuse oder Osterhasen) aus. Die ersten 3 Personen, die mir die richtige Lösung mailen, erhalten in der nächsten Veranstaltung ihren Gewinn. Oft bekomme ich noch nachts Post von glücklichen Teilnehmern, die sich auf ihren Weihnachtsmann oder Schokohasen freuen ...

Kurz kommentiert:

Diese Munterbrechung weckt insbesondere bei Teilnehmern, die gerne rätseln, Interesse und Aktivität. Die »einfache« Aufgabe kann die Leute richtig beschäftigen. Deshalb ist es gut, das Rätsel vor einer Pause oder vor dem Feierabend zu bringen. Mitten im Arbeitstag würde es den Geist der Teilnehmer sonst möglicherweise unnötig vom Hauptthema ablenken.

Viele weitere Rätsel sind möglich und nötig, sobald sich dieses hier herumgesprochen hat. Schauen Sie, was Ihnen begegnet, und probieren Sie es einfach aus.

Sind Sie schon dahintergekommen? Einen unterstützenden Tipp habe ich für Sie auf www.orbium.de versteckt. Gehen Sie in den Teilnehmerbereich, und loggen Sie sich bei »Veranstaltung 10« ein.

Ihr Passwort: Pausenrätsel

Ihr Kennwort: Schokohase

12 Positionswechsel

Kurz beschrieben:

Die Teilnehmer sitzen im Seminar, in der Veranstaltung schon länger auf ihrem Platz. Ein Arbeitsschritt ist gerade abgeschlossen, der nächste soll folgen. Zwischendurch aber bitten Sie die Teilnehmer, ihre Position zu wechseln. Dazu gibt es verschiedene Varianten: Bei der Variante »Platzwechsel in 30 Sekunden« haben die Teilnehmer zum Beispiel eine halbe Minute Zeit, um für den anstehenden nächsten Schritt einen neuen Platz einzunehmen. Bei der Variante »Umzug« packen die Lernenden zunächst alle Materialien zusammen, räumen Flaschen, Kopien und Müll auf. Dann nehmen sie – umgeben von neuer Ordnung – einen neuen Platz ein. Und bei der Variante »Blitzpause« hat die Gruppe 3 Minuten Zeit, um am Fenster frische Luft zu schnappen oder Tee nachzugießen.

Teilnehmerzahl:

5 bis unbegrenzt

Material:

keines

Besondere Anforderungen an den Raum:

keine

Ausgangsposition:

Bei dieser Munterbrechung ist es ganz egal, wie die Teilnehmer gerade sitzen. Denn hier ist es ja gerade die Ausgangsposition, die munterbrochen wird.

Sie haben in Ihrem Seminar, in Ihrer Konferenz gerade einen inhaltlichen Abschnitt erfolgreich beendet. Jetzt wäre ein wenig frische Dynamik gut, bevor es weitergeht und Sie die Teilnehmer aus einer weiteren Perspektive auf das Thema blicken lassen, eine neue Frage ins Spiel bringen oder einen ganz neuen Aspekt beleuchten. Eine zeitaufwändige Pause wollen Sie deshalb nicht gleich einlegen. Und dennoch wäre eine kleine Unterbrechung sinnvoll. Eine, bei der allen deutlich wird, dass jetzt etwas anderes, etwas Neues kommt. Eine Unterbrechung, bei der wieder alle in Bewegung kommen und ganz wach werden.

Der »Positionswechsel« ist eine der einfachsten Munterbrechungen. Richtig eingesetzt kann sie dennoch große Wirkung haben. Mindestens 5 verschiedene Varianten sind möglich:

Variante mit Platzwechsel in 30 Sekunden

»Das Ergebnis von Gruppe 2 haben wir gehört. Vielen Dank. Bevor Gruppe 3 ihre Ideen vorstellt, bitte ich Sie alle, aufzustehen und Ihren Platz zu wechseln. Bitte nehmen Sie einen Platz ein, auf dem Sie heute noch nicht gesessen haben. Aber

12 Positionswechsel

Achtung: Sie haben nur 30 Sekunden Zeit. Dann müssen alle an ihrer neuen Position angekommen sein. Los geht's!«

Mit dieser Aufforderung können Sie richtig Schwung in den Raum bringen. Beim ersten Mal sind die Leute oft irritiert, fragen sich: »Meint er das jetzt ernst?« Hier ist eine ganz klare, kraftvolle Ansage gefragt. Wie ein Kapitän auf dem Schiff, der für einen flotten Positionswechsel sorgt. Der schnelle Wechsel schafft viel Dynamik: Beim Einzelnen, denn jeder kommt in Bewegung; in der Gruppe, denn die Leute tauschen sich innerhalb des großen Gewusels aus, wer schon wo gesessen hat. Oft wird dabei viel gelacht. Und auch die Weiterarbeit verändert sich: Es macht einfach einen Unterschied, wenn die Teilnehmer aus neuen Perspektiven auf die nächste Präsentation schauen und in neuen Konstellationen nebeneinander sitzen.

Und wenn Sie nach der dritten Präsentation noch einmal Schwung erzeugen wollen, bitten Sie die Leute einfach ein weiteres Mal zum Platzwechsel. Oder Sie fordern sie auf, zu ihren Stammplätzen zurückzukehren. Dieses Mal jedoch in nur 20 Sekunden ... Meine Erfahrung: Die zeitliche Begrenzung macht die Sache spannend!

12 Positionswechsel

Variante Umzug

»Bis eben haben wir auf die Aufgaben im Projekt geschaut. Ab jetzt nehmen wir eine andere Perspektive ein und blicken auf die beteiligten Personen. Aber bevor wir beginnen, bitte ich Sie alle, Ihre Sachen – Unterlagen, Stifte, Tassen – zusammenzupacken und allen Müll unter Ihren Stühlen wegzuräumen.«

Nun beginnt ein geschäftiges Treiben im Raum. Alle packen ihre Materialien zusammen. Müll wird entsorgt, leere Flaschen eingesammelt, Stifte und Moderationskarten in den Koffer zurückgeräumt. Vielleicht öffnen Sie währenddessen auch die Fenster. Wenn alle mit ihren Sachen fertig bepackt bereitstehen, und zwar wirklich erst dann, erklären Sie:

»Jetzt bitte ich Sie, sich einen neuen Platz zu suchen. Einen, von dem aus Sie gerne unseren nächsten Seminarschritt erleben wollen.«

Den »Umzug« schätze ich aus 2 Gründen besonders. Zum einen wird durch das Packen spürbar deutlich: »Wir packen jetzt etwas Neues an«. Das erleben alle unmittelbar. Zum anderen führt der »Umzug« zu einer wohltuenden, frischen Ordnung im Seminar- oder Konferenzraum. Nach ein paar Stunden kommt doch manchmal einiges durcheinander. Wenn man nun erneut einsteigt, haben die Leute ihre Kopien sortiert, der Boden ist frei; was nicht mehr gebraucht wird, ist weggeräumt. Jetzt lässt sich leichter arbeiten und denken. Ich merke immer wieder, dass hier die äußere Ordnung eine gute Ausgangsbedingung für innere Klarheit und Ordnung ist.

Variante »Bitte aufstehen!«

»Sie haben eben viele Ideen zur Minimierung von Schwarzarbeit in privaten Haushalten kennen gelernt. Jetzt bitte ich Sie alle, einmal aufzustehen.«

Nun rumort es in den Reihen. Stühle werden gerückt, die Teilnehmer bewegen sich. Wenn alle stehen, fahren Sie fort:

»Mich interessiert, was Sie zu den vorgestellten Maßnahmenvorschlägen denken. Ich bitte Sie um ein erstes Statement. Wer Lust hat, zu beginnen, hat das Wort.«

12 Positionswechsel

Unsere Teilnehmer sitzen viel in Kursen und Konferenzen. Da ist es wohltuend, zwischendurch einmal für ein paar Minuten zu stehen, sich ganz aufzurichten. Zum Beispiel für die Zeit einer Statementrunde oder einer Diskussion. Ich bin immer wieder aufs Neue erstaunt, wie sehr sich die Atmosphäre verändert, wenn wir für eine Weile alle stehen. Wie viel wacher, oft auch beteiligter die Leute im aufrechten Stand sind.

Eine verschärfte Abwandlung dieser Variante: Wie der Lehrer Keyton im Film »Der Club der toten Dichter« können Sie die Teilnehmer auch bitten, sich auf ihre Stühle zu stellen. Mit neuer Größe lässt sich noch einmal ganz anders auf die Dinge blicken. Und damit die Teilnehmer hinterher nicht auf verschmutzte Stühle sitzen müssen, verteile ich vorher kurz Papiertücher zum Draufstellen ...

12 Positionswechsel

Variante Umbau

»Wir haben nun alle theoretischen Grundlagen erarbeitet. Bevor wir mit der praktischen Umsetzung beginnen, bauen wir unseren Arbeitsraum um. Bitte packen Sie alle Materialien zusammen. Wir räumen dann die Tische zur Seite und stellen hier vorn einen Stuhlhalbkreis. So, dass Platz für die Flip-Charts und Pinnwände entsteht.«

Jetzt wird umgebaut. Der Arbeitsraum bekommt ein neues Gesicht. Viele verschiedene Maßnahmen sind dabei möglich: Sie können die Tische anders anordnen, zum Beispiel aus Reihen ein U stellen oder aus einem U einen geschlossenen Konferenztisch. Vielleicht lassen Sie wie oben im Beispiel auch alle Tische zur Seite räumen. Aus Stuhlreihen kann ein Halbkreis werden, aus einem Stuhlhalbkreis ein geschlossener Kreis. Wichtig ist, dass der »Umbau« neben dem Aspekt der Munterbrechung auch einen praktischen Sinn hat. Dass das, was gebaut wird, anschließend auch sinnvoll ist. Andernfalls könnten sich die Teilnehmer – zu Recht – manipuliert fühlen.

Beim »Umbau« sind alle beteiligt, können zupacken. Und nach getaner Arbeit sitzen die Leute wieder gerne für eine weitere Lern- oder Arbeitsstunde.

Variante Blitzpause

»Prima. 2 von 4 Modellen haben wir durchgesprochen. Bevor wir uns Modell 3 zuwenden, machen wir eine Blitzpause. Sie haben 3 Minuten Zeit. Fenster auf, einmal die Füße vertreten, Tee nachschenken. Um 15.22 geht es weiter. Auf geht's!«

Auch eine kleine, ganz kurze Pause kann zwischendurch für neue Energie und Kraft sorgen. 3 oder 4 Minuten können eine große Wirkung haben. Die Leute bewegen sich schnell, atmen einmal tiefer durch und weiter geht es.

»Blitzpausen« baue ich vor allem dann ein, wenn am Ende langer Veranstaltungstage die Energie zunehmend nachlässt. Für lange Pausen ist dann keine Zeit mehr im Programm. Eine kurze »Blitzpause« aber geht immer.

12 Positionswechsel

Kurz kommentiert:

Bei vielen Veranstaltungen und Lerntagen ist es so: Die Teilnehmer bzw. Lernenden kommen zu Beginn in den Arbeitsraum und wählen einen Platz. Dort setzen sie sich hin – und bleiben sitzen. 1, 2, 3, manchmal sogar 4 Stunden lang. Zwischendurch gibt es eine Pause. Und dann wird noch einmal 1, 2, 3 oder sogar 4 Stunden lang gesessen.

Warum eigentlich? Welches Gesetz sagt, dass man dauersitzend lernen, tagen und beraten muss? Diese lange Sitzerei ist für unseren Körper eine echte Qual. An solchen langen Tagen klagen viele über Verspannungen und Rückenschmerzen, werden müde und schlapp.

Und: Die immer gleiche Körperhaltung passt ganz und gar nicht zu dem, was wir gleichzeitig von unserem Geist erwünschen: Gedanklich beweglich sein, hin- und herüberlegen, Fragen aus verschiedenen Blickwinkeln betrachten.

Mit den unterschiedlichen Varianten des »Positionswechsels« können Sie – auf denkbar einfache Weise – ein wenig Bewegung in eine Menge dankbarer Körper und Gehirne bringen.

13 Reaktionstraining

»Bei unseren Übungen hier im Führungskräftetraining haben Sie ja meistens ausreichend Zeit, sich für Ihren Einsatz vorzubereiten. Im Alltag ist das natürlich nicht immer so. Da wird man manchmal von den Anforderungen überrascht und muss schnell reagieren. Bevor wir weitermachen, haben Sie deshalb nun die Chance, Ihre Reaktionsfähigkeit ein wenig zu trainieren.

Ich bitte Sie, alles aus den Händen zu legen und aufzustehen. Für das »Reaktionstraining« brauchen Sie Ihren Nachbarn, Ihre Nachbarin. Schauen Sie, dass Sie sich so verteilen, dass Sie alle einen Partner, eine Partnerin haben. Finden Sie eine Position, in der Sie ein wenig Platz haben.

Um Ihnen das »Reaktionstraining« gut erklären zu können, suche ich einen Mutigen oder eine Mutige. Wer hat Lust, die Herausforderung als Erstes anzunehmen?«

Schauen Sie in die Runde. Wenn sich nicht gleich jemand meldet, können Sie einer unentschlossenen Person ermutigend zulächeln. Hat sich die Testperson gefunden, bitten Sie diese, zu Ihnen vorzukommen:

13 Reaktionstraining

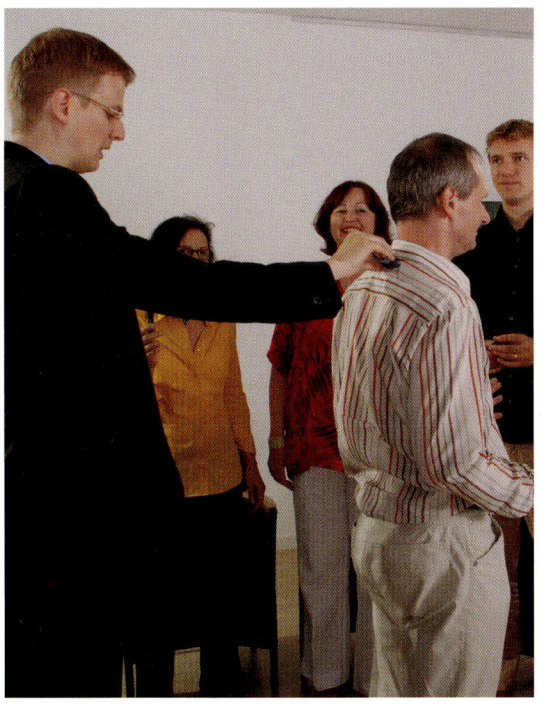

»Uli, vielen Dank. Wir machen jetzt einen Durchlauf des »Reaktionstrainings«, damit die anderen sehen, wie es funktioniert. Bitte stellen Sie sich hierhin. Lassen Sie Ihre Arme entspannt an den Seiten hängen. Gleich geht es los. Ihr Trainingspartner ist dieser gewöhnliche Moderationsstift. Ich stelle mich jetzt gleich hinter Sie. Aber keine Angst: Es wird Ihnen nichts Unangenehmes passieren. Ich werde den Stift nun an Ihren Rücken halten, ganz oben zwischen Ihren Schulterblättern. Ich halte ihn so, dass Sie den Stift leicht spüren können. Das wird nicht lange so bleiben. Sobald ich laut »Los!« sage, lasse ich den Stift fallen.

Ihre Aufgabe ist es, den fallenden Stift mit beiden Händen aufzufangen. Bevor Sie – nach dem Startzeichen – jedoch nach hinten greifen, um den Stift zu fangen, müssen Sie vorne, vor Ihrem Körper, einmal laut in die Hände klatschen. Das heißt also: Startzeichen entspannt abwarten, dann vorne klatschen und erst dann den Stift fangen. Alles klar?«

Nun gibt es einen Testlauf mit Uli. Er hat, wie die anderen Teilnehmer nachher auch, 3 Versuche. Nach dem dritten Versuch bitten Sie um einen Applaus für den Tester – auch dann, wenn er den Stift bei keinem der 3 Anläufe fangen konnte.

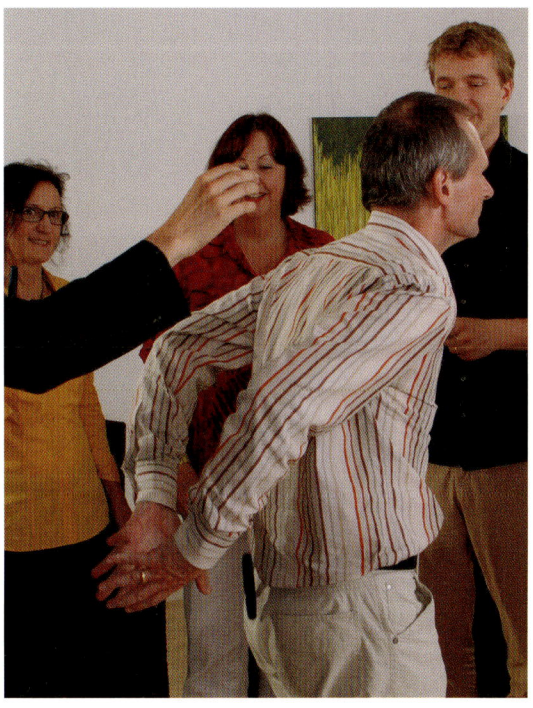

13 Reaktionstraining

»Sie haben gesehen, wie es funktioniert. Bitte versorgen Sie sich mit Stiften. So, dass jedes Paar einen hat. In der ersten Runde versucht Person A zu fangen. Sie haben 3 Versuche. Dann wechseln Sie, und Person B darf es probieren. Haben Sie Fragen?«

Variante ohne Ansage

Im Laufe der Veranstaltung können Sie vielleicht noch diese anspruchsvollere Variante nachschieben: Beim »stillen Reaktionstraining« wird diesmal den Trainierenden nicht angesagt, wann der Stift fällt. Sie müssen sich ganz auf ihre Wahrnehmung zwischen den Schultern verlassen. Spüren sie den leichten Druck des Stiftes nicht mehr, fällt er bereits ...

Kurz kommentiert:

Das einfache Experiment ist eine echte Herausforderung, bei der es auf sehr schnelle Reaktionen ankommt. Ich selbst merke dabei, wie sehr meine Reaktionsfähigkeit auch von meiner Tagesverfassung abhängt. Nicht immer gelingt es gleichermaßen gut. Einfacher wird es, wenn die Person, die den Stift hält, das Experiment wohlwollend anleitet, indem sie zwischen Ankündigung und Loslassen einen Augenblick verstreichen lässt. Dazu ermuntere ich die Teilnehmer gerne. Schön am »Reaktionstraining« ist, dass es sich ganz unkompliziert mit sehr vielen Menschen an nahezu allen Orten durchführen lässt.

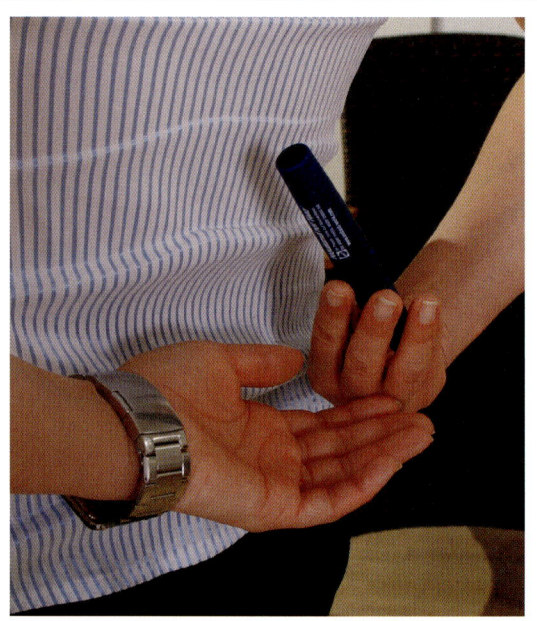

Wichtig mit großen Gruppen: Erklären Sie, bevor Sie den Startschuss für die vielen Teams geben, sehr genau, wie die Sache funktioniert. Am besten machen Sie es – wie oben im Beispiel – ganz praktisch mit einem freiwilligen Teilnehmer vor und fragen nach, ob alles klar ist. Sobald die Teilnehmer nämlich schon vorab zu experimentieren beginnen, sind alle fasziniert, beschäftigt und schwer zu bremsen.

Vielleicht haben Sie auch eine kleine Glocke zur Hand, mit der Sie die Teams anschließend ohne Mühe zur Arbeit zurückrufen können ...

14 Schnäppchenjagd

Kurz beschrieben:

Die Teilnehmer kommen zu Paaren zusammen. Sie stehen sich gegenüber. Wie zum Gebet legen sie ihre Handflächen zusammen. Die Fingerspitzen richten sie dabei jedoch nicht nach oben, sondern nach vorn, auf ihr Gegenüber. Es gibt zwei Rollen: Jäger und Gejagte. Die Jäger haben die Aufgabe, blitzschnell ihre Hände zu öffnen und zu versuchen, die »betenden« Hände der anderen zu fangen. Das ist nicht so einfach, denn die Gejagten fliehen mit ihren Händen, sobald sie das erste Zucken der Jäger sehen. Fluchtwege gibt es mehrere: Nach oben, nach unten oder zurück. Schnappt ein Jäger die Hände seines Gegenübers, wechseln die beiden die Rollen. Kann der andere fliehen, versucht es der Jäger noch einmal. So lange, bis er den anderen erwischt.

Teilnehmerzahl:

2 bis unbegrenzt

Material:

keines

Besondere Anforderungen an den Raum:

keine

Ausgangsposition:

Bitten Sie die Teilnehmenden, alles aus den Händen zu legen, aufzustehen und in Paaren – z. B. mit ihren Nachbarn – zusammenzukommen. .

»Bald ist wieder Winter- (oder Sommer-) Schlussverkauf. Da kommt es darauf an, im richtigen Moment zuzuschlagen. Damit Ihnen die guten Schnäppchen am Wühltisch nicht entwischen, machen wir hier zwischendurch ein kleines Training zur »Schnäppchenjagd«. Sie brauchen dazu einen Kontrahenten oder eine Kontrahentin. Suchen Sie sich eine Person Ihrer Wahl aus. Vielleicht jemanden, mit dem Sie heute noch gar nicht zusammengearbeitet haben.«

Zunächst zögerlich kommt Bewegung in den Raum. So lange, bis sich alle in Paaren zusammengefunden haben. Bei ungerader Teilnehmerzahl machen Sie selbst bei der »Schnäppchenjagd« mit. So haben Sie gleich einen Partner, mit dem Sie die Sache einmal vormachen können. Bei gerader Zahl bitten Sie einen Freiwilligen, die Aufgabe mit Ihnen zu demonstrieren. Wenn Sie ihn gefunden haben, stellen Sie sich der Person gegenüber und erklären:

»Iris und ich werden es einmal kurz vormachen. Wir beide stellen uns gegenüber auf. Jetzt halten wir unsere Handflächen zusammen. So wie betende Nonnen oder Mönche. Wir aber richten unsere Handspitzen nicht zum Himmel, sondern auf unser Gegenüber. Also Iris zu mir – und ich zu Iris.

14 Schnäppchenjagd

Mit der Zurückhaltung der Betenden ist es allerdings gleich vorbei. Denn meine Aufgabe als Jäger ist es, blitzschnell meine Hände zu öffnen und Iris Hände zu schnappen. Sie weiß, dass sie ab jetzt gejagt wird. Sie weiß aber nicht, wann ich versuchen werde, zuzuschnappen. Das weiß allein ich. Ob dieser Wissensvorsprung jedoch reicht, um Iris Hände zu fassen zu kriegen, ist ungewiss. Denn sie kann, sobald sie sieht, dass ich meine Hände bewege, ausweichen. Nach oben, nach unten oder zurück. Gelingt es mir,

Iris Hände zu fassen, wechseln wir die Rollen und sie wird zur Schnäppchenjägerin, ich werde zum Gejagten. Ist jedoch Iris schneller, bleibe ich so lange der Jäger, bis ich sie geschnappt habe. Wir probieren es einfach mal aus.«

Jetzt ist höchste Konzentration gefragt. Für Jäger und Gejagte. Wenn Sie 1 oder 2 Versuche demonstriert haben, erklären Sie:

14 Schnäppchenjagd

»Gleich können Sie mit der Jagd beginnen. Damit Sie sich nicht verletzen, bitte ich Sie, Ihre Ringe an den Fingern abzunehmen. Die könnten beim Zuschnappen schmerzen. Los geht es. Sie haben 3 Minuten Zeit. Wenn Sie wollen, können Sie zählen, wer die meisten Jagdsiege erzielt.«

Kurz kommentiert:

»Schnäppchenjagd« ist eine schön kurze Munterbrechung, die sich nahezu an allen Orten und mit allen Gruppengrößen umsetzen lässt.

Anstatt die Teilnehmer wie oben beschrieben ihren Partner auswählen zu lassen, können sie auch einfach mit ihrem Nachbarn in Wettbewerb treten. Dann geht das Finden schneller.

Für die Aufgabe ist große Konzentration gefragt. Und gleichzeitig können die Lernenden dabei auch ein wenig Spannung ablassen.

Weil man sich bei dieser Munterbrechung sehr nahe kommt, sich berührt, ist es eher etwas für Gruppen, die schon länger zusammenarbeiten und vertraut miteinander sind.

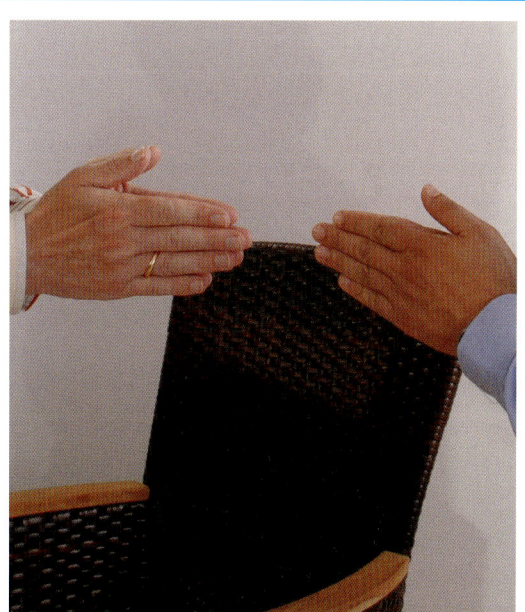

15 Seminarmassage

Kurz beschrieben:

Jeder oder jede zweite Teilnehmende erhält ein Massagegerät aus Holz. Die Lernenden stellen sich in einem engen Kreis auf. Nun drehen sich alle um 90 Grad nach rechts. So, dass sie wie bei einem Gänsemarsch hintereinanderstehen. 2 oder 3 Minuten lang massiert nun jeder mit dem Massagegerät den Rücken des Vordermanns, der Vorderfrau. Oder sie finden sich in Paaren zusammen und massieren abwechselnd.

Dabei müssen sich die Teilnehmer nicht direkt berühren, und dennoch sorgen sie für eine wohltuende, kleine Massage – mitten im Seminar oder in der Sitzung.

Teilnehmerzahl:

2 bis unbegrenzt (je nach Anzahl der Massagegeräte)

Material:

- Massagegeräte in Anzahl (oder halber Anzahl) der Teilnehmer
- Geräte mit lustigen Figuren sind im Orbium-Shop unter
www.orbium.de
und im Schilling Verlag unter
www.schilling-verlag.de erhältlich.

Besondere Anforderungen an den Raum:

Ausreichend Platz, damit alle Teilnehmenden in einem engen Kreis stehen oder sich in Paaren gut verteilen können.

Ausgangsposition:

Bitten Sie die Teilnehmenden, alles aus den Händen zu legen und aufzustehen und sich je nach Variante im Kreis aufzustellen oder sich in Paaren im Raum zu verteilen.

»Ich bin total verspannt!«, »Ich kann nicht mehr sitzen!«, »Ich habe Kopfweh!« – Diese Sätze fallen in Pausen bei langen Veranstaltungen immer wieder. Verspannungen und Schmerzen sind für die Lern- und Arbeitsfähigkeit der Teilnehmer natürlich alles andere als förderlich. Einen kleinen Beitrag zur Linderung können Sie mit der Munterbrechung »Seminarmassage« leisten. Zum Beispiel, indem Sie in der Pause genügend Massagegeräte auf dem Boden in der Mitte verteilen und die Lernenden bei ihrer Rückkehr so begrüßen:

»Sie sehen: Wir haben Zuwachs bekommen. Am Boden stehen viele kleine Tiere: Katzen, Krokodile, Schafe und Schildkröten. Das Besondere an diesen Tieren: Mit ihren Füßen bescheren sie uns gleich allen eine wohltuende Massage. Das wird uns gut tun. Bitte suchen Sie sich jeder eines der Massagetiere aus.«

15 Seminarmassage

Wenn alle zugegriffen haben, bitten Sie die Teilnehmer, sich in einem engen Kreis aufzustellen.

»Gleich bekommen Sie Ihre kleine Seminarmassage. Bitte drehen Sie sich dazu zunächst alle um 90 Grad nach rechts. Vor sich sehen Sie nun den Menschen, den Sie mit der Seminarmassage beglücken dürfen. Bitte beginnen Sie jetzt mit einer vorsichtigen Rückenmassage. So, dass es Ihrem Kollegen oder Ihrer Kollegin gut tut. Beobachten Sie, wie er oder sie auf Ihre Bewegungen mit dem Massagetier reagiert. Was Sie gerade nicht sehen, aber gleich spüren werden: Hinter Ihnen steht Ihr

15 Seminarmassage

persönlicher Seminarmasseur. Vergessen Sie über dem Massieren nicht den Genuss des Massiertwerdens. Lassen Sie es sich gut gehen.«

Zeitgleich geben und bekommen nun alle ihre Massage. Vielleicht geben Sie ein paar Tipps, mit welchen Bewegungen man gut massieren kann. Meistens aber brauchen die Leute dafür gar keine Anregung.

Nach 2 oder 3 Minuten bitten Sie die Teilnehmer, langsam mit der Massage zum Ende zu kommen:

»Ich bitte Sie, sich langsam auf das Ende einzustellen. Kommen Sie mit ein paar schönen Massagebewegungen nun zum Schluss. Wenn Sie merken, dass Ihre Massage zu Ende ist, dann bedanken Sie sich gebührend bei Ihrem Masseur oder Ihrer Masseurin.«

15 Seminarmassage

Jetzt wird es ein wenig laut. Denn alle bedanken sich – und zeitgleich erhalten Sie den Dank derer, die sie selbst massiert haben.

Wenn Sie und die Teilnehmer wollen, können Sie noch eine Rückrunde anschließen:

»Nun bitte ich Sie, sich alle um 180 Grad zu drehen. Sie haben die Gelegenheit, sich bei Ihrem Masseur zu revanchieren.«

Variante Massage in Paaren

Wenn Sie nicht genügend Massagetiere haben, dann können Sie die Teilnehmer auch bitten, in Paaren zusammenzukommen. Jedes Paar nimmt sich ein Holzmassagegerät. Bitten Sie die Teilnehmer zu entscheiden, wer womit beginnen will. Die Rückenmassage ist dieselbe, wie oben beschrieben. Nach 3 oder 4 Minuten bitten Sie auch hier die Masseure, die Behandlung langsam zu beenden. Dann wird in allen Paaren gewechselt.

Kurz kommentiert:

Die »Seminarmassage« ist die einzige Munterbrechung, für die Sie ein spezielles Equipment benötigen, das Sie zur Veranstaltung mittragen müssen. Das ist ein wenig hinderlich. Ich erlebe aber immer wieder, dass sich diese Investition lohnt. Die Munterbrechung kommt bei fast allen Gruppen sehr gut an. Oft auch dann, wenn ich damit nicht so rechne. Die Holzfiguren sind schön anzusehen, sie  liegen gut in der Hand. Und man bekommt – ohne einander direkt zu berühren – für ein paar Minuten eine wohltuende Massage. Etwas wirklich Besonderes in einer Konferenz oder einem Seminar!

16 Sitzungsfitness

Kurz beschrieben:

Die Teilnehmer stehen mit etwas Platz im Raum verteilt. Wie in einem Fitnesskurs werden sie von Ihnen zu 22 kleinen gymnastischen Übungen angeleitet. Füße, Beine, Arme, Kopf und Schultern werden Schritt für Schritt gelockert. Danach geht es mit neuer Energie weiter im Programm.

Teilnehmerzahl:

1 bis unbegrenzt

Material:

keines

Besondere Anforderungen an den Raum:

Wichtig ist, dass die Teilnehmer vor, neben und hinter sich ein wenig Platz haben, um sich gut bewegen zu können.

Ausgangsform:

Bitten Sie die Teilnehmenden, alles aus den Händen zu legen, aufzustehen und sich im Raum zu verteilen - entweder in einem Kreis, einem U oder in Reihen. So, wie es gut möglich ist. Bitten Sie die Teilnehmer, alle am Boden liegenden Gegenstände wie Papiere, Tassen und Flaschen wegzuräumen, damit niemand ausrutschen oder etwas umstoßen kann.

»Unsere Gehirne sind bei dieser Veranstaltung viel beschäftigt. Bevor wir uns der nächsten inhaltlichen Herausforderung stellen, soll nun auch Ihr restlicher Körper die Chance haben, in Bewegung zu kommen. Das macht uns alle wieder aufnahmefähig und munter. 22 ganz kurze Übungen sorgen für frische Energie. Es geht ganz einfach. Sie sind schon in der Ausgangsstellung – so, wie Sie jetzt entspannt auf beiden Beinen stehen, und zwar hüftbreit. Los geht's mit unserem »Sitzungsfitness«-Programm.

1. Bewegen Sie zum Start Ihre Zehen in Ihren Schuhen in alle möglichen Richtungen.

2. Machen Sie sich nun groß, indem Sie sich auf Ihre Zehenspitzen stellen.

3. Ich bitte Sie, in die Ausgangsstellung zurückzukehren und dann das Gewicht nach hinten auf Ihre Fersen zu verlagern. Aber so, dass Sie nicht nach hinten kippen.

4. Kommen Sie wieder in die Startposition zurück und schütteln Sie Ihre Füße in alle Richtungen aus.

5. Jetzt bitte ich Sie, Ihr rechtes Knie anzuwinkeln und Ihren rechten Fuß mit Ihrer rechten Hand am Sprunggelenk zu fassen. Nun stehen Sie auf Ihrem linken Fuß. Wer will, kann sich mit der linken Hand ans linke Ohrläppchen greifen – dann bleiben Sie auch auf einem Bein gut in Balance. Spüren Sie, wie im rechten Oberschenkel eine angenehme Spannung entsteht?

6. Kehren Sie in die Ausgangsposition zurück. – schütteln Sie das rechte Bein aus.

16 Sitzungsfitness

7. Jetzt kommt die andere Seite. Winkeln Sie Ihr linkes Knie an, halten Sie das linke Sprunggelenk mit der linken Hand und finden Sie auf dem rechten Bein eine gute Balance.

8. Kehren Sie in die Ausgangsposition zurück – schütteln Sie das linke Bein aus.

9. Nun machen Sie sich bitte noch einmal groß, diesmal bleiben Sie auf Ihren Fußsohlen vollständig stehen. Schieben Sie jedoch Ihre Brust nach vorn und Ihre Ellenbogen nach hinten zurück.

10. Dann bitte ich Sie, Ihre Schultern zu kreisen, zuerst nach hinten und nach oben. So, dass es Ihnen gut tut.

11. Ziehen Sie Ihre Schultern nun nach oben – und lassen Sie sie nach kurzer Anspannung locker nach unten fallen.

12. Kreisen Sie nun Ihre Schultern nach vorn und nach oben.

16 Sitzungsfitness

13. Bewegen Sie den Oberkörper jetzt langsam Wirbel für Wirbel nach vorn und lassen Sie Ihre Arme dabei locker pendeln. Kehren Sie in die Ausgangsstellung zurück.

14. Ballen Sie nun Ihre Hände zu Fäusten. Ganz fest! Und locker lassen.

15. Jetzt geht es in die andere Richtung. Spreizen Sie Ihre Finger weit ab. Und auch locker lassen.

16. Drücken Sie beide Hände mit den offenen Handflächen kraftvoll gegeneinander.

17. Schütteln Sie Arme und Hände aus.

18. Drehen Sie nun Ihren Kopf ganz langsam nach links. Die Nase bleibt dabei immer auf gleicher Höhe.

19. Drehen Sie den Kopf nun langsam zurück über die Mitte und langsam nach rechts.

16 Sitzungsfitness

20. Kehren Sie zur Mitte zurück, öffnen Sie Ihren Mund weit und gähnen Sie.

21. Ziehen Sie Ihre Stirn hoch.

22. Lockern Sie zum Schluss noch einmal Arme, Hände, Beine und Füße.

Vielen Dank. Mit neuem Schwung und frischer Energie geht es nun weiter im Programm.«

Kurz kommentiert:

Viele weitere Bewegungsformen zur Lockerung und Dehnung des Körpers sind natürlich möglich. Ich lasse mich hier immer wieder aktuell durch mein eigenes Sportprogramm inspirieren.

Die »Sitzungsfitness« ist für mich eine unverzichtbare Munterbrechung geworden. Im Laufe der Jahre habe ich mit vielen Gruppen erlebt, wie gut es den Leuten tut, sich nach all der vielen Sitzerei zu recken und zu strecken. Nach den wenigen Minuten mit den 22 Bewegungen sind die Teilnehmer einfach wieder frischer, lockerer und auch aufnahmefähiger.

Und das gilt nicht nur für die Lernenden. Auch mir tut diese Munterbrechung gut – ich möchte mir gar keine Seminar- oder Veranstaltungstage mehr ohne ein paar Dehnungen und Bewegungen zwischendurch vorstellen.

17 Stuhlbalance

Kurz beschrieben:

Die Teilnehmer bilden einen Stuhlkreis und stellen sich hinter ihre Stühle. Bitten Sie sie, sich um 90 Grad nach rechts zu drehen und die Lehne ihres Stuhles mit der linken Hand zu fassen. Nun sind alle gefordert, ihren Stuhl leicht nach hinten zu kippen, so dass er nur auf den hinteren Beinen Kontakt zum Boden hat. Ziel ist es, dass es der Gruppe gelingt, sich eine Runde um den Stuhlkreis zu bewegen, ohne dass ein Stuhl mit den Vorderbeinen oder der Lehne auf den Boden fällt. Dazu müssen die Einzelnen und die Gruppe es gemeinsam schaffen, die Stühle in guter Balance zu halten, und das, ohne die rechten Hände zu benutzen.

Teilnehmerzahl:

8 bis 20

Material:

1 Stuhl je Teilnehmer

Besondere Anforderungen an den Raum:

Ausreichend Platz für einen Stuhlkreis.

Ausgangsform:

Bitten Sie die Lernenden, alles aus den Händen zu legen und mit ihren Stühlen einen Kreis zu bilden. Die Teilnehmenden stellen sich dann außerhalb des Kreises hinter die Stühle. So, dass jeder Einzelne hinter einem Stuhl steht und ihn an der Lehne anfassen kann.

»Wir haben heute viel über Prozesse und Zusammenarbeit gesprochen – nun möchte ich mit Ihnen schauen, wie gut wir in einem kurzen, herausfordernden Prozess gemeinsam zum Ziel kommen. Bitte nehmen Sie die rechte Hand von der Stuhllehne, und drehen Sie sich um 90 Grad nach rechts. Halten Sie nun Ihren Stuhl mit der linken Hand an der Lehne. Kippen Sie ihn zu sich hin, so dass er nur auf den beiden Hinterbeinen Kontakt zum Boden hat. Ziel ist, dass es uns gelingt, uns gemeinsam eine Runde um den Stuhlkreis zu bewegen, bis wir alle wieder an unserem Ausgangsplatz angekommen sind. Auf unserem Weg müssen alle Stühle stets in Balance – nur auf den Hinterbeinen – bleiben. Auch dann, wenn wir die Stühle zur Übergabe an den Hintermann, die Hinterfrau loslassen. Kein Stuhl darf zum Boden kippen. Weder nach vorn noch nach hinten. Fällt ein Stuhl um, kehren wir alle wieder zu unserem Ausgangsstuhl zurück und beginnen erneut. Ach ja, nur mit der linken Hand dürfen wir Kontakt zum Stuhl haben. Alles klar?«

17 Stuhlbalance

Nun werden einige Nachfragen zu den Spielregeln kommen. Die sind jedoch ganz klar:

1. Die Stühle dürfen wirklich nur mit der linken Hand berührt werden, auch nicht mit den Füßen.

2. Die Stühle dürfen zwar enger zusammengerückt, aber nicht ineinander verkeilt werden.

Schnell wird die Gruppe überlegen, mit welcher Strategie sie bestmöglich zum Ziel gelangt. Ich halte mich dabei unbedingt zurück und überlasse es den Teilnehmenden zu bestimmen, wann es wie losgeht. In vielen Gruppen kristallisiert sich ein Gruppenleiter heraus, der immer wieder ein Kommando zum Stuhlwechsel gibt: »Weiter« – »Hopp« ...

17 Stuhlbalance

Kurz kommentiert:

Diese Munterbrechung kann Gruppen vor echte Herausforderungen stellen, falls sie sich auf keine einheitliche Vorgehensweise einigen können und keinen gemeinsamen Rhythmus finden.

Damit die Sache nicht ewig dauert, mache ich es gerne so: Die Gruppe erhält einen Testlauf sowie 3 Versuche. Gelingt es dabei nicht, gemeinsam das Ziel zu erreichen, fahren wir im Programm fort.

Häufig fordern die Teilnehmer dann bei nächster Gelegenheit eine weitere Chance ein, um die Sache doch noch zu schaffen.

18 Traumpartner

Kurz beschrieben:

Den nächsten thematischen Schritt der Veranstaltung sollen die Teilnehmer in Paaren bearbeiten. Um die Partner zu finden, stehen alle auf. Jeder Lernende nimmt sich aus Ihrer Hand das Ende eines dicken Wollfadens. Wenn Sie die Fäden loslassen, findet jeder am anderen Ende seines Fadens seinen »Traumpartner« für die anstehende Aufgabe.

Teilnehmerzahl:

8 bis 30

Material:

Dicke Wollfäden von ungefähr 1 Meter Länge (am besten im Winter zu bekommen)

Besondere Anforderungen an den Raum:

Ein wenig Platz, wo sich alle Teilnehmenden für einen kurzen Augenblick versammeln können.

Ausgangsform:

Bitten Sie die Teilnehmenden, alles aus den Händen zu legen und sich in einem Kreis um Sie herum aufzustellen. In der Hand halten Sie ein Bündel Wollfäden.

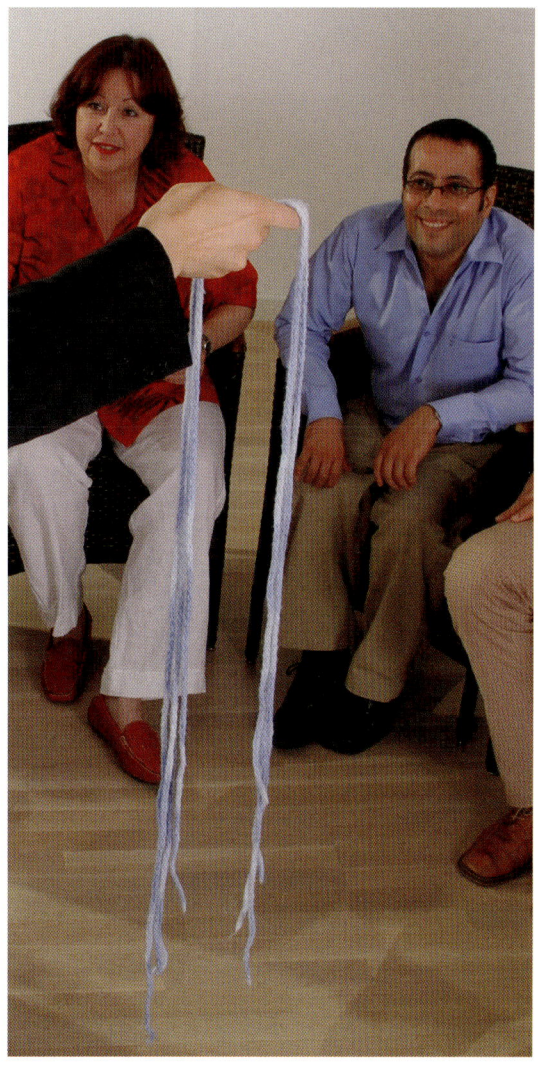

Zur Paar- und Gruppenbildung gibt es viele Wege. Dieser ist ein ganz besonders schöner und schneller, der ganz nebenbei auch für eine prima Munterbrechung sorgt. So funktioniert es:

18 Traumpartner

»Zur Bearbeitung der nächsten Aufgabe bekommen Sie einen Partner, eine Partnerin aus unserer Gruppe. Es wird nicht irgendein Kollege sein, es wird Ihr »Traumpartner«, Ihre »Traumpartnerin« für diese spezielle Aufgabe sein. Das Schicksal wird Sie zur Person Ihrer Träume führen. Sie brauchen sich nur noch eines dieser Enden zu nehmen.«

In Ihrer Hand halten Sie ein Bündel von etwa 1 Meter langen Wollfäden – halb so viele Fäden wie Teilnehmer. Fassen Sie sie in der Mitte, so dass von jedem Faden die beiden Enden in un-

gefähr gleicher Länge herunterhängen. Nun strecken Sie den Arm, in dessen Hand Sie die Fäden halten, weit aus und schütteln ein wenig. Warten Sie, bis alle Teilnehmenden ein Ende gefunden haben. Bei ungerader Teilnehmerzahl nehmen Sie selbst mit Ihrer freien Hand das letzte verbleibende Ende.

Jetzt erklären Sie:

»Gleich lasse ich los. Dann werden Sie am anderen Ende Ihres Fadens den richtigen Menschen für die nächsten Minuten Ihres Lebens finden.«

18 Traumpartner

Sie können die Spannung noch ein wenig steigern, indem Sie den Moment, in dem Sie die Fäden loslassen weiter herauszögern.

Lassen Sie los, beginnt das große Suchen und Finden. Manchen wird das schnell gelingen, vielleicht weil sie überraschenderweise sogar nebeneinanderstehen. Andere werden erst ein wenig abwarten und die Fäden entheddern müssen, bis sie zueinander finden.

Wenn sich alle Paare gefunden haben, beginnen die Partner mit der gemeinsamen Aufgabe. Gut ist, wenn Sie diesen nächsten Schritt bereits erklärt haben, bevor Sie die Fäden loslassen. Denn das große Suchen, Finden und Begrüßen der »Traumpartner« bringt Unruhe in die Gruppe – da fällt es schwer, die nächsten Arbeitsschritte zu erklären.

18 Traumpartner

Kurz kommentiert:

Mit dieser Munterbrechung habe ich im Laufe der Jahre schon viel Schönes erlebt. Vor einigen Jahren haben – mit Unterstützung der Fäden – ein junger Mann und eine junge Frau tatsächlich den»Traumpartner« gefunden. Das war natürlich einzigartig!

In vielen Gruppen ändert sich nach dieser munteren Aktion ganz spürbar die Energie. Bei einer Mitarbeiterinformationsveranstaltung in einem Berliner Unternehmen zum Beispiel erklärte mir eine Teilnehmerin zum Schluss: »Am Anfang fand ich das Ganze hier sehr steif und trocken. Aber nach der Sache mit dem »Traumpartner« war alles ganz anders. Die Leute wurden viel lockerer.«

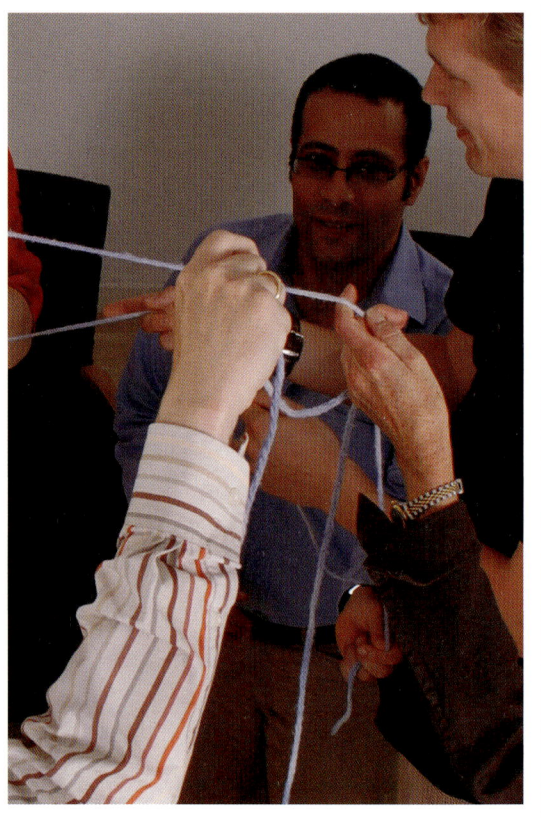

19 Tücherjagd

Kurz beschrieben:

Die Teilnehmer stehen in einem Kreis. Wie früher beim Sport entstehen durch Abzählen (1, 2, 1, 2 usw.) 2 gleich große Teams. Aber die Personen bleiben so im Kreis stehen, dass jeweils eine aus Team 1 neben einer aus Team 2 steht. Ein Spieler aus Mannschaft 1 bekommt ein gelbes Tuch. Ein auf der anderen Seite des Kreises stehender aus Mannschaft 2 ein grünes. Die Gruppen haben die Aufgabe, nach dem Startsignal ihr Tuch innerhalb ihres Teams so schnell wie möglich im Kreis weiterzugeben. Das Team, dem es gelingt, das Tuch der anderen Gruppe als erstes zu überholen, hat gewonnen.

Teilnehmerzahl:

10 bis 18

Material:

2 Tücher in unterschiedlichen Farben. Jongliertücher eignen sich besonders gut.

Besondere Anforderungen an den Raum:

Ausreichend Platz, damit alle Teilnehmenden in einem Kreis stehen können.

Wenn alle gut stehen, erklären Sie:

»Im Ablaufplan haben Sie gesehen, dass uns jetzt am Nachmittag Spannendes erwartet. Dafür bringen wir uns nun in Schwung. Wir bilden 2 Teams. Das machen wir so wie beim Sport. Wir zählen durch: 1, 2, 1, 2. Können Sie beginnen?«

Bei ungerader Teilnehmerzahl spielen Sie mit, damit es aufgeht. Bei gerader treten Sie in die Mitte des Kreises und übernehmen die Rolle des Spielleiters.

Nun sprechen Sie einen Spieler aus Team 1 an:

»Sie gehören zu Team 1. Sie bekommen dieses gelbe Tuch. Die Aufgabe des ganzen Teams ist es, das Tuch so schnell wie möglich innerhalb Ihrer Gruppe im Uhrzeigersinn kreisen zu lassen – von einem Spieler Ihrer Mannschaft zum nächsten.«

Jetzt wenden Sie sich an Team 2, und zwar an den Spieler, der der Person mit dem gelben Tuch aus Gruppe 1 im Kreis direkt gegenübersteht.

»Auch Team 2 erhält ein Tuch – ein grünes. Auch Ihre Aufgabe ist es, das Tuch so rasch es geht innerhalb Ihres Teams kreisen zu lassen. Beide Teams haben also das Ziel, das eigene Tuch schnellstmöglich weiterzugeben. Und zwar so, dass es Ihnen gelingt, das Tuch der anderen Mannschaft zu überholen.«

Häufig entwickeln die Spieler nun Ideen, wie sie ihre Gewinnchancen erhöhen können. Viele Strategien sind dabei möglich, ein paar Wege schließen Sie jedoch aus:

19 Tücherjagd

»Das Ziel ist klar. Auf dem Weg dorthin gelten aber ein paar Regeln:

- Regel Nummer 1: Reihum muss jeder Spieler eines Teams das Tuch berühren. Sie können also keinen Spieler aus Ihrem Team überspringen.
- Regel Nummer 2: Das Tuch muss innen im Kreis wandern – nicht außen herum hinter Ihnen.
- Regel Nummer 3: Sie dürfen Ihre Nachbarn des anderen Teams nicht körperlich behindern, weder bei der Tuchentgegennahme noch bei der Tuchweitergabe. Ihr eigenes Team dürfen Sie natürlich mental und mit Schlachtrufen anfeuern.

Alles klar?«

Wenn alle bereit sind, geben Sie das Startzeichen. Die Tücherjagd beginnt. In den ersten Runden werden die Teams zum Teil lauthals an ihren Strategien feilen und rufen: »Wie halten wir das Tuch – offen oder in einem Knäuel?«, »Haltet die Hand schon bereit!« Überholt ein

19 Tücherjagd

Tuch das der Gegenfarbe, ist diese Spielrunde beendet. Nun können Sie noch
eine weitere Sequenz anschließen – dieses Mal vielleicht in die andere Richtung.

Möglich ist auch, vor dem Startschuss
eine Spielzeit festzulegen, zum Beispiel

90 Sekunden. Das Team, dem es gelingt,
die andere Mannschaft in dieser kurzen
Zeit zu überholen, hat gewonnen. Gibt
es in den 90 Sekunden keinen Gewinner,
geht das Seminarprogramm mit 2 gleich
starken Teams weiter.

Kurz kommentiert:

»Tücherjagd!« kann in Gruppen für richtig
Stimmung sorgen. Insbesondere dann,
wenn mehrere Teilnehmende Spaß an
Wettbewerben haben.

Erfolgswichtig ist die passende
Gruppengröße. Mehr als 18 Menschen
sollten es nicht sein – sonst dauert
das Kreisen zu lange, und die
Wahrscheinlichkeit des Überholens ist
zu gering. Die Munterbrechung lebt
von der Schnelligkeit. Und das gilt
auch für die Dauer der Übung an sich:
Überstrapazieren Sie die Sache nicht.
2 oder 3 Minuten munteren Überholens
reichen vollkommen aus, denn das
ständige Weitergeben der Tücher ist ganz
schön anstrengend – aber gut für die
Atmung!

20 Verkehrte Welt

Kurz beschrieben:

Bei diesem kleinen Experiment wird ganz anschaulich, was passiert, wenn wir aus verschiedenen Perspektiven auf ein und dieselbe Sache blicken. Die Teilnehmer sitzen auf ihren Plätzen. Jeder hat einen Stift in der Hand. Alle sollen sich auf ihrem Stuhl zurücklehnen, so dass sie gut zur Decke schauen können.

Ihre Aufgabe: Mit dem Stift, den sie senkrecht mit der Spitze nach oben in der Hand halten, malen sie einen imaginären Kreis an die Decke. So, als ob dort eine große Bahnhofsuhr zu sehen wäre, deren äußeren Rahmen sie im Uhrzeigersinn immer wieder nachziehen.

Während die Lernenden mit dem Stift weiter im Uhrzeigersinn kreisen, werden sie aufgefordert, den Stift langsam nach unten zu bewegen, wobei sie den Stift weiterhin senkrecht mit der Spitze nach oben vor sich halten. Erst auf Stirnhöhe, dann auf Kinn-, Brust- und schließlich auf Bauchhöhe, immer weiter in der gleichen Richtung kreisend. Jetzt bitten Sie die Teilnehmer zu prüfen, ob sie nach wie vor im Uhrzeigersinn kreisen ...

Teilnehmerzahl:

1 bis unbegrenzt

Material:

- Stifte (Kugelschreiber, Flip-Chart-Marker, Bleistifte – was gerade da ist)

Besondere Anforderungen an den Raum:

keine

Ausgangsform:

Die Teilnehmer sitzen. Sie können in der Sitzposition bleiben, in der sie sich gerade befinden: Im Kreis, in Reihen, mit oder ohne Tische – ganz egal.

Bitten Sie die Teilnehmer, sich einen Stift zu nehmen. Einen Kugelschreiber, einen Bleistift oder einen Flip-Chart-Marker – was eben gerade bereitliegt. Wenn alle versorgt sind und mit Stift auf ihren Plätzen sitzen, erklären Sie:

»In unserem Kurs blicken wir aus verschiedenen Perspektiven auf unser Thema. Bevor wir weitermachen, habe ich eine kleine Herausforderung an Sie. Bitte lehnen Sie sich auf Ihrem Stuhl zurück, so gut es geht. Wenn Sie wollen, können Sie – wie abends im Wohnzimmer auf der Couch – Ihre Beine weit nach vorn

20 Verkehrte Welt

strecken. Setzen Sie sich so, dass Sie für ein paar Augenblicke gut nach oben zur Decke schauen können. Nun nehmen Sie bitte Ihren Stift und halten Sie ihn vor Ihrem Gesicht senkrecht mit der Spitze nach oben. Strecken Sie jetzt Ihren Arm ganz nach oben aus: So, dass Sie mit Ihrem Stift näher Richtung Decke kommen. Stellen Sie sich vor, dort oben an der Decke hinge eine große Bahnhofsuhr. Und genauso, wie sich in der Bahnhofsuhr der Zeiger dreht, zeichnen Sie nun im Uhrzeigersinn einen imaginären

Kreis, nur schneller als bei der Uhr. Und jetzt kreisen Sie immer weiter im Uhrzeigersinn.«

Nun können Sie sich in der Runde umsehen und schauen, ob alle kreisen. Vielleicht erinnern Sie die Teilnehmer noch einmal daran, den Stift senkrecht nach oben zu halten und weiter im Uhrzeigersinn zu drehen. Dann geht es weiter:

20 Verkehrte Welt

»Das klappt prima. Sie kreisen alle im Uhrzeigersinn. Bitte drehen Sie so weiter. Auch dann, wenn Sie Ihren Stift nun langsam weiterkreisend nach unten führen. Zuerst auf Stirnhöhe ... dann auf Augen-, Nasen-, Mundhöhe ... Sind Sie noch im Uhrzeigersinn? Wichtig ist, dass Sie die Richtung nicht ändern. Einfach immer weiterkreisen. Kommen Sie jetzt mit Ihrem Stift auf Brusthöhe. Einfacher geht das, wenn Sie sich dazu gleichzeitig ein wenig aufsetzen. Schließlich führen Sie den Stift – immer weiter in derselben Richtung kreisend – auf Bauchhöhe. Und dann bitte ich Sie, einmal kurz zu prüfen, ob Sie noch im Uhrzeigersinn sind.«

Jetzt machen Sie eine Pause. Die Lernenden kreisen und prüfen – und sind baff. Denn obwohl sie sich sicher sind, dass sie die Richtung nicht geändert haben, haben sie den Uhrzeigersinn verlassen. Was ist passiert? Die einen Teilnehmer beginnen ganz praktisch mit einen zweiten Durchlauf. Andere suchen eher nach theoretischen Erklärungen. Lehnen Sie sich zurück. Schauen Sie in die Runde. Sprechen Sie die Gruppe an: »Was ist passiert?«

20 Verkehrte Welt

Kurz kommentiert:

Das verblüffende Aha-Erlebnis dieser Munterbrechung kann bei vielen Lernthemen einen guten Beitrag leisten: Hier wird ganz deutlich, dass es eben ein Unterschied ist, von welcher Seite aus wir auf die Dinge blicken. Immer wieder erlebe ich, wie Teilnehmer das Experiment im Verlauf des Seminars in Diskussionen ansprechen, sich darauf beziehen: »Wie wir vorhin mit dem Stift gesehen haben, kommt es eben darauf an, von wo aus ich schaue.«

Und manche Teilnehmer sind so fasziniert, dass sie immer wieder neu den Stift kreisen lassen: In den Pausen, mitten im Programm oder abends an der Bar ... Das ist oft sehr vergnüglich.

21 Wachklopfen

Kurz beschrieben:

Alle Teilnehmer stehen so, dass sie ein wenig Platz um sich herum haben. Sie werden dazu angeleitet, ihre Körper in mehreren Schritten wach zu klopfen. Erst Schultern und Arme, dann Beine und Füße.

Teilnehmerzahl:

1 bis unbegrenzt

Material:

keines

Besondere Anforderungen an den Raum:

Die Teilnehmenden brauchen Platz zum Stehen. Ganz egal, ob in Reihen, im Halbkreis oder anders im Raum verteilt. So, wie es gerade gut passt.

Ausgangsform:

Bitten Sie die Teilnehmer, alles aus den Händen zu legen, aufzustehen und sich evt. ein wenig im Raum zu verteilen.

Wenn alle gut stehen, erklären Sie: »Wir haben in den letzten beiden Stunden sehr konzentriert gearbeitet. Da tut es gut, wenn wir jetzt erst einmal unsere Körper in neuen Schwung bringen und sie für die nächste Etappe wieder wach und munter klopfen. Los geht's. Bitte nehmen Sie Ihre rechte Hand und klopfen Sie sich zunächst mit der offenen Handfläche auf Ihre linke Schulter. Das tut, wenn Sie sachte klopfen, einerseits körperlich gut. Sie haben auch allen Grund, sich lobend auf die Schulter zu klopfen, bei all dem, was Sie heute schon geleistet haben. Nun wandern Sie bitte klopfend an der Außenseite Ihres linken Armes nach unten. So lange, bis Sie mit Ihrer klopfenden rechten Hand auf dem Handrücken Ihrer linken Hand angelangt sind. Bitte drehen Sie jetzt Ihre linke Hand ein wenig nach außen. Klatschen Sie fest in die linke Hand. Das ist Ihr Applaus für uns alle!

Dann bitte ich Sie, mit der rechten Hand wieder nach oben zu klopfen. Dieses Mal an der Innenseite Ihres Armes. So lange, bis Sie wieder oben auf Ihrer Schulter angekommen sind.

Nun wechseln Sie bitte die Seiten: Beginnen Sie auch mit der linken Hand oben – dieses Mal auf der rechten Schulter. Dann geht es an der Außenseite des rechten Armes nach unten bis zum Handrücken. Wie vorhin drehen Sie die Hand nach außen und bekommen einen zweiten Applaus. Davon motiviert arbeiten Sie sich nun klopfend an der Innenseite des Arms nach oben bis hoch zu den Schultern.

Die Arme sind nun wach geklopft.

21 Wachklopfen

Jetzt kommen Beine und Füße: Los geht es mit der rechten Hand an der Außenseite Ihres linken Beines – ungefähr auf Höhe Ihrer Hüfte. Von hier aus klopfen Sie sich an der Außenseite bergab. Zuerst am linken Oberschenkel entlang, an den Knien vorbei über die Unterschenkel bis hin zum Fuß. Auch den können Sie fröhlich wach klopfen, bevor Sie an der Innenseite wieder nach oben wandern. Nun widmen Sie sich Ihrem rechten Bein mit der linken Hand. Beginnen Sie auch hier außen an der Hüfte und klopfen Sie sich langsam nach unten zum rechten Fuß und dann innen wieder nach oben.

Jetzt haben Sie den Körper rundherum aktiviert. Alles, was Sie gerade weggeklopft haben, können Sie nun schwungvoll von sich streifen: Legen Sie Ihre rechte Hand auf Ihre linke Schulter. Ziehen Sie die Hand schwungvoll von der Schulter in einem flotten Zug außen über den Ober- und Unterarm und lassen Sie sie weit über die linke Hand hinausgleiten. Wiederholen Sie diese angenehme Bewegung weitere 2 oder 3 Mal, bevor Sie auch auf der rechten Seite alles abstreifen, was Sie zum Weiterarbeiten nicht mehr brauchen.

Wachgeklopft und befreit machen wir uns nun wieder frisch ans Werk!«

21 Wachklopfen

Kurz kommentiert:

Auf den ersten Blick erscheint die Anleitung dieser Munterbrechung vielleicht ein wenig kompliziert. Das ist sie aber gar nicht: Es sind an sich nur 3 Schritte, die Sie anleiten: Erst die Arme wach klopfen, dann Beine und Füße. Im dritten Schritt alles abstreifen. Mir hat es hier am Anfang geholfen, die Munterbrechung zur Übung ein paar Mal laut anzusagen: Vor Freunden oder nur für mich allein. So lange, bis ich gute Sätze gefunden hatte und die einzelnen Schritte parallel dazu gut vormachen konnte.

»Wachklopfen« ist eine äußerst wohltuende Munterbrechung, die ich gerne einsetze, wenn ich den Eindruck habe, dass die Teilnehmer zusammengesunken in den Stühlen sitzen, dass manche verkrampft und schlapp sind.

Ich nutze »Wachklopfen« auch dann gerne, wenn eine angespannte Diskussion abgeschlossen ist. Vor dem nächsten Schritt können wir so alles ganz bewusst abstreifen und mit frischer Energie weiterarbeiten.

22 Waldi, der Wadenbeißer

Kurz beschrieben:

Die Teilnehmer stellen sich im Kreis auf. Bei Ihnen am Boden sitzt eine imaginäre Gestalt – Waldi, der Wadenbeißer. Sobald Sie ihn freilassen, läuft er auf dem schnellsten Wege zur Person rechts neben Ihnen. Sein Ziel: Kräftig in die Waden beißen. Um den schmerzhaften Bissen zu entkommen, muss die Person neben Ihnen hoch in die Luft springen. So kommt sie unverletzt davon. Das Problem verlagert sich allerdings zum nächsten Nachbarn weiter rechts. Waldi zwingt die Teilnehmer, in Wellen flott in die Luft zu springen. Im zweiten Schritt kommt ein weiterer Wadenbeißer dazu. So wird es noch herausfordernder.

Teilnehmerzahl:

10 bis 30

Material:

keines

Besondere Anforderungen an den Raum:

Ausreichend Platz, damit alle Teilnehmenden in einem Kreis stehen können.

Ausgangsform:

Bitten Sie die Teilnehmenden, alles aus den Händen zu legen und sich in einem Kreis aufzustellen. Da es nachher sportlich zugehen wird, achten Sie darauf, dass keine Gegenstände (Papiere, Mappen, Tassen ...) am Boden liegen, auf denen die Teilnehmer ausrutschen oder die sie umstoßen könnten. Auch hinter den Teilnehmenden ist ein Abstand zu Tischen, Stühlen und Wand von einem halben Meter wichtig.

Wenn alle im Kreis stehen, erklären Sie – insbesondere an die Person rechts neben Ihnen gerichtet – mit ernster Miene und einigen dramatisierenden Pausen:

»Ich habe leider schlechte Nachrichten – insbesondere für Herrn Baumann. Es tut mir leid, Herr Baumann, ich muss Ihnen mitteilen, dass Sie sich in großer Gefahr befinden. Hier am Boden vor mir sitzt Waldi an der Leine – noch. Waldi ist ein Wadenbeißer. Ich werde ihn gleich loslassen. Flink wird er gezielt nach rechts zu Ihnen laufen und sich in Ihren Waden festbeißen. Das wird sehr schmerzhaft sein. Es gibt jedoch eine Möglichkeit, wie Sie sich vor Waldi in Sicherheit bringen können. Springen Sie – sobald ich ihn freilasse – hoch in die Luft, so wie Hans Rosenthal früher bei »Dalli Dalli!«. Waldi wird dann unter Ihren Füßen durchlaufen und Sie sind gerettet.«

Nun wenden Sie sich an die Person rechts neben Herrn Baumann:

»Allerdings verlagert sich, Sie ahnen es, das Problem nun in null Komma nichts zu Ihnen, Frau Breuer. Doch auch Sie können sich retten, indem Sie

22 Waldi, der Wadenbeißer

schwungvoll springen. Für uns alle heißt das: Schnell hochspringen, wenn Waldi kommt. Dann wird uns nichts passieren. Wichtig ist, dass wir schnell reagieren und ganz hoch springen, damit der Wadenbeißer unter uns durchlaufen kann, ohne uns in Gefahr zu bringen. Alles klar?«

Mit etwas sanfterer Stimme ergänzen Sie nun:

»Waldi ist gefährlich, doch er hat auch ein gutes Herz. Menschen, die heute nicht springen können, treten einfach einen Schritt zurück. Sie können von dort aus sicher beobachten, wie Waldi sein Unwesen treibt, ohne dass sie gebissen werden.«

Dieses Angebot ist wichtig, denn in den meisten Gruppen gibt es Menschen, die wegen Knieproblemen, hohen Absätzen oder aus anderen Gründen nicht springen können oder wollen. Wenn diese den Kreis verlassen haben, schauen Sie in die Runde und fragen noch einmal, ob alle bereit sind. Ist das der Fall, geht es los. Sie erklären, dass Sie Waldi jetzt freilassen, und springen schwung-

22 Waldi, der Wadenbeißer

voll in die Luft. Nacheinander folgen die Teilnehmer, bis Waldi wieder bei Ihnen ankommt. Wenn die Welle schon rasch hüpft, lassen Sie Waldi gleich ein zweites Mal kreisen. Wenn nicht, stoppen Sie den Wadenbeißer – immer gut am Halsband festhalten – und erinnern noch einmal daran, dass nur hohes Tempo vor den gefährlichen Bissen schützt.

Um das Ganze noch ein wenig span-nender zu machen, können Sie einen zweiten Wadenbeißer einführen. Walli, Nummer 2, platzieren Sie bei jemandem, der Ihnen im Kreis gegenübersteht. Sie wird zeitgleich mit Waldi starten und in die gleiche Richtung laufen. Nach 1, 2 Runden stoppen Sie die Wadenbeißer:

»Waldi und Walli haben uns kräftig in Schwung gebracht. Nun können wir kraftvoll zum nächsten Baustein springen.«

Kurz kommentiert:

Ganz klar – diese Munterbrechung ist vollkommen albern und entbehrt jeden tieferen Sinns. Mit einem imaginären Wadenbeißer bringen Sie bis zu 30 erwachsene Menschen dazu, mehrfach hoch in die Luft zu springen. Das wirkt in vielen Veranstaltungen sehr schräg.

Hier sind ein guter Kontakt zur Gruppe, Fingerspitzengefühl und auch eine Portion Mut gefragt. Für den Erfolg entscheidend ist, dass es Ihnen gelingt, die Sache mit größtem Ernst ganz zielstrebig anzuleiten, um nach kurzer Laufzeit wieder ganz selbstverständlich im Programm fortzufahren. Jedoch dann, das erlebe ich immer wieder, mit veränderter, frischer Energie im Raum!

Munterbrechungs-

Material

Material für die Munterbrechungen

Bei jeder vorgestellten Munterbrechung finden Sie in der Kurzbeschreibung Informationen darüber, welche
Materialien für die jeweiligen Methoden
gebraucht werden. Das Schöne an den
Munterbrechungen: Viele kommen sogar
ganz ohne irgendwelche Mittel aus. Bei
den restlichen sind nur wenige, einfache Dinge nötig, die zudem teilweise im
Moderationsequipment enthalten sind:
Stifte, Karten, Klebeband. Sie brauchen
also nicht Berge von zusätzlichem, sper-
rigem Material mitzuschlepppen.

Hier eine Übersicht über das, was
sich mitzunehmen bzw. zu organisieren
lohnt, wenn Sie die Munterbrechungen
auch spontan einsetzen möchten:

Checkliste
- 2 Jongliertücher
- 1-3 Jonglierbälle
- großer Schaumstoffwürfel
- 1 Stofftier
- 2 rohe Eier
- 1 Wischeimer mit Wasser und Tuch
- Wollfäden
- Klebebandrolle
- Kopien mit bestimmten Texten
- Moderationsstifte
- Moderationskarten
- Flip-Chart-Papier
- kleinere Preise für Gewinner
  und Verlierer
- Massagergeräte
- Stühle im Raum

Überblick

Überblick über alle Munterbrechungen

Nummer	Munterbrechung	Klein: weniger als 10 Teilnehmer	Mittel: 10 bis 20 Teilnehmer	Groß: mehr als 20 Teilnehmer	Dauer: Unter 4 Minuten möglich	Ohne Material	Mit Material aus dem Seminarequipment	Mit speziellem Material
1	A-B-C-D-Aufgabenmix		●					●
2	Alexa, Andi, Anton		●	●	●	●		
3	Bitte wenden!		●	●	●	●		
4	Fingerjagd	●	●	●	●	●		
5	Frische Luft an heißen Tagen	●	●	●	●		●	
6	Jahreszeitenorakel	●	●	●	●			●
7	Kanon		●	●	●			●
8	King-Kong-Atmung	●	●	●	●			
9	Knobeln	●	●	●		●		
10	Nur keine 1!	●	●	●				●
11	Pausenrätsel	●	●	●		●		
12	Positionswechsel		●	●	●	●		
13	Reaktionstraining	●	●	●	●		●	
14	Schnäppchenjagd	●	●	●	●	●		
15	Seminarmassage	●	●	●	●			●
16	Sitzungsfitness	●	●	●		●		
17	Stuhlbalance		●				●	
18	Traumpartner		●	●	●			●
19	Tücherjagd		●		●			●
20	Verkehrte Welt	●	●	●	●		●	
21	Wachklopfen	●	●	●	●	●		
22	Waldi, der Wadenbeißer		●	●	●	●		

Schlusswort
von Birgit Voigt

Semesterbeginn, Samstag, 7.00 Uhr morgens, ein toller Zeitpunkt. Gegen alle Regeln der studentischen Vernunft klingelt der Wecker: Verschlafen erinnere ich mich. Heute ist Teil 1 des Pflichtseminars »Selbstmanagement«. Die Anwesenheitspflicht treibt mich schließlich aus dem Bett.

Die Begrüßungsrunde beginnt: Wie heiße ich? Wo komme ich her? Eine Besonderheit von mir? Und was erwarte ich von diesem Kurs? Passende, nette Antworten zu dieser unsäglichen Uhrzeit liegen mir zwar auf der Zunge. Aber entgegen der Hoffnung, dass ich meinen oft vorlauten Mund im Zaum halten kann, spreche ich meine wahren Gedanken nun doch laut aus: »Mein Name ist Birgit. Ich komme aus Sachsen-Anhalt, und ich bin eigentlich immer gut drauf, aber nicht an einem Samstagmorgen um 8.30 Uhr. Ich bin mal gespannt, wie Sie es schaffen wollen, dass ich nicht gleich einschlafe, sondern bis 17.30 Uhr durchhalte.«

Herr Groß war kurze Zeit komplett aus dem Konzept, und die Aufmerksamkeit des ganzen Seminars lag auf meiner Person. Ich war tatsächlich sehr gespannt, wie er sich da herausziehen würde. Nach einer kurzen Denkpause erzählte Herr Groß, was er mit uns alles vorhabe und dass er den Tag mit uns so gestalten wolle, dass beide Seiten davon profitieren würden. Dabei erwähnte er auch ein paar Überraschungen, die im Laufe des Seminartages auf uns warten würden. Schließlich wolle er auch Spaß haben an so einem Tag. Mittags werde er wieder nachfragen, was aus der Müdigkeit geworden ist. Skeptisch lauschte ich seinen Worten.

Diese Überraschungen brachen dann schon sehr schnell über uns herein. Sie waren verpackt in lauter kleine Übungen, die allesamt begeisterten und mitrissen. Die Zeit verging wie im Fluge, und das Lachen und die Bewegung brachten auch die letzten Übernächtigten noch in Schwung.

Eine der Übungen ist mir besonders in Erinnerung geblieben. Es ging um den Kampf zwischen alltäglichen Aufgaben und besonderen Herausforderungen. Wir standen alle im Kreis. Herr Groß brachte verschiedene Aufgaben ins Spiel. »Alltagsaufgaben«, die immer nach rechts weitergegeben wurden. Als Nächstes kamen »besondere Aufgaben« in Form von 2 Bällen. Diese warfen wir einander kreuz und quer zu. Erst schien das ganz einfach, ein wenig albern. Doch dann mussten wir beides kombinieren. Später kam noch eine »Chaosaufgabe« dazu: Eine Stoffente flog wild durch den Raum, wir mussten immer mit ihr rechnen. Schließlich packte Herr Groß ein rohes Ei aus. Es stand für eine »delikate Aufgabe«, die man besonders vorsichtig anpacken muss. Das Ei wurde in einer festgelegten Reihenfolge durch den Kreis geworfen. Ganz klar: Dabei waren alle konzentriert und aufmerksam.

Herr Groß hatte tatsächlich nicht zu viel versprochen. Nach den 3 Samstagen zum Thema »Selbstmanagement« waren wir sogar ein wenig traurig, dass es vorbei war. Wir lernten nicht nur verschiedene Möglichkeiten des Gedächtnistrainings, der Motivation und Übungen für eine bessere Konzentration, sondern wir haben im Kurs auch Freunde für die ganze Studienzeit gewonnen.

Seitdem weiß ich, dass auch lange Seminartage kurzweilig und lehrreich sein können. Leider erlebt man immer noch häufig eher »Gähn-Veranstaltungen«. Schön, wenn das Buch neue Pflichtlektüre wird für Dozenten, die selbst gegen das Einschlafen in der Vorlesung kämpfen.

Birgit Voigt

Studentin an der Hochschule für Wirtschaft und Recht Berlin (HWR)

Zum Weiterlesen

Beermann, Susanne; Schubach, Monika:
Spiele für Workshops und Seminare.
Planegg, München: Haufe Verlag, 2008

Döring, Klaus W.; Ritter-Mamczek, Bettina:
Lehren und Trainieren in der Weiterbildung – Ein praxisorientierter Leitfaden.
Weinheim: Beltz Verlag, 2001

Groß, Harald; Boden, Betty; Boden, Nikolaas:
Munterrichtsmethoden – 22 aktivierende Lehrmethoden für die Seminarpraxis.
Berlin: Schilling Verlag, 2006

Groß, Harald; Boden, Nikolaas; Boden, Betty:
Von Kopf bis Fuß auf Lernen eingestellt – ein munteres Lernhandbuch. Berlin:
Schilling Verlag, 2004

Schilling, Gert:
Seminarspiele: Kennenlernspiele, Auflockerungsspiele, Feedbackspiele und Interaktionsspiele.
Berlin: Schilling Verlag, 2004

Stahl, Eberhard:
Dynamik in Gruppen – Handbuch der Gruppenleitung. Weinheim, Basel, Berlin:
Verlagsgruppe Beltz, 2002

Vielen Dank

Bei der Entstehung dieses Buches haben mich viele Menschen inspiriert und unterstützt. Ich danke herzlich

Nabil Al Amry
Johanna Adamová
Christine Bernhard
Betty Boden
Nikolaas Boden
Prof. Dr. Klaus W. Döring
Nicola Fritze
Andrea Gebhardt
Eva-Maria Grimm
Rita Groß
Siegbert Groß
Susanne Henke
Claudia Junker
Simone Krejny
Iris Lemke
Michael Malsch
Olaf Merker
Erdmute Otto
Uta Rautenstrauch
Dr. Bettina Ritter-Mamczek
Gert Schilling
Anja Schmitz
Alo Theis
Tina Thinius
Birgit Voigt
Ulrich Wölfer
Angelika Wolpert

Wir hatten unseren Spaß ...

Diese Gesichter sind Ihnen nach der Lektüre vertraut:

Nabil Al Amry, Christine Bernhard, Iris Lemke, Michael Malsch, Anja Schmitz, Tina Thinius, Ulrich Wölfer und Angelika Wolpert standen an einem heißen Sommertag in der Kochbar Berlin Modell für die Munterbrechungen. Das Bild zeigt gut, wie heiter es trotz aller Herausforderungen zuging. 22 Munterbrechungen haben ihre Wirkung getan! Und auch unser Profi-Fotograf Olaf Merker, sein Assistent Gert Schilling und natürlich unser Meisterkoch Alo Theis haben zur guten Stimmung beigetragen. Herzlichen Dank!

Bildnachweis
Fotos: Olaf Merker
Umschlag: Nikolaas Boden
Fotos Seite 64-67: Michael Adler
Foto Seite 99: Angelika Wolpert

Raum für weitere Munterbrechungen

Weiterlernen mit Orbium-Seminare-Berlin

Lust auf mehr?

Lernen Sie mehr von und mit den Orbium-Trainerinnen und Trainern - natürlich auf lebendige Weise mit Munterbrechungen und Munterrichtsmethoden ...

Zum Beispiel in diesen Seminaren:

Lernen und Trainieren

- Munterrichtsmethoden
- Munterbrechungen
- Lernstrategie und Lerntechnik
- Coaching für Trainer und Dozenten

Präsentieren

- Präsentationstraining
- Präsentieren auf Englisch
- Präsentieren mit Laptop und Beamer

Zusammenarbeiten

- Arbeitsmotivation steigern
- Erfolgreich zusammenarbeiten
  im Team
- Moderationstraining
- Kommunikationstraining

Veranstaltungsmoderation

Buchen Sie uns als muntere
Moderatoren für Ihre Veranstaltung.

Sprechen Sie uns an!
Wir freuen uns auf Sie!

Harald Groß
und das Orbium-Team

Wissmannstraße 22
12049 Berlin
030 290 446 17

www.orbium.de

Serie »Praxisleitfaden«

Die Serie »Der Praxisleitfaden« zeichnet sich durch einen lebendigen, beispielhaften und praxisnahen Schreibstil aus. Die Themen sind systematisch und überschaubar gegliedert. Alle Inhalte werden durch zahlreiche Bilder, Grafiken und Illustrationen verdeutlicht. Es macht Spaß zu lesen.

Moderation von Gruppen

Der Praxisleitfaden für die Moderation von Gruppen, die gemeinsam arbeiten, lernen, Ideen sammeln, Lösungen finden und entscheiden wollen

24,- Euro, 21x25 cm, 167 Seiten, ISBN 978-3-930816-59-0

Angewandte Rhetorik und Präsentationstechnik

Der Praxisleitfaden für Vortrag und Präsentation

24,- Euro, 21x25 cm, 145 Seiten, ISBN 978-3-930816-58-3

Verkaufstraining

Der Praxisleitfaden für das beratende Verkaufsgespräch

24,- Euro, 21x25 cm, 149 Seiten, ISBN 978-3-930816-61-3

Zeitmanagement

Der Praxisleitfaden für Ihr persönliches Zeitmanagement

24,- Euro, 21x25 cm, ISBN 978-3-930816-62-0

Projektmanagement

Der Praxisleitfaden für die erfolgreiche Durchführung von kleinen und mittleren Projekten

24,- Euro, 21x25 cm, 149 Seiten, ISBN 978-3-930816-60-6

Präsentieren mit Laptop und Beamer

Der Praxisleitfaden für Ihre wirkungsvolle Präsentation mit Laptop, PC und Beamer

24,- Euro, 21x25 cm, 147 Seiten, ISBN 978-3-930816-64-4

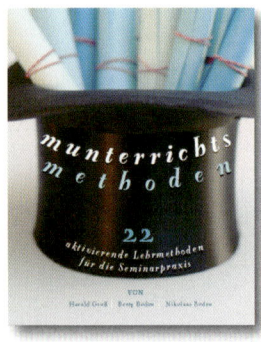

Munterrichtsmethoden

22 aktivierende Lehrmethoden für die Seminarpraxis

Von Harald Groß, Nikolaas Boden und Betty Boden, 28,- Euro, 21x25 cm, Hardcover, 164 Seiten, ISBN 978-3-930816-18-7

Munterbrechungen

22 aktivierende Auflockerungen für Seminare und Sitzungen

Von Harald Groß, 28,- Euro, 21x25 cm, Hardcover, 130 Seiten, ISBN: 978-3-930816-20-0

Von Kopf bis Fuß auf Lernen eingestellt

Ein munteres Lernhandbuch

Von Harald Groß, Nikolaas Boden und Betty Boden, 24,- Euro, 21x25 cm, 149 Seiten, ISBN 978-3-930816-17-0

Einfach Coaching

Das Praxisbuch für Führungskräfte, Projektleiter und Personalverantwortliche

Von Thomas A. Knappe und Jürgen Straßburg, 24,- Euro , 21x25 cm, 168 Seiten ISBN 978-3-930816-19-4

Die METALOG Methode

Hypnosystemisches Arbeiten mit Interaktionsaufgaben

Von Tobias Voß, 29,50 Euro, 20x22 cm, 125 Seiten, ISBN: 978-3-930816-22-4

VISUALTools

Visualisieren leicht gemacht

Von Markus Wortmann, 28,- Euro, 29x21 cm, 110 Seiten, ISBN: 978-3-930816-21-7

Seminar-Spiele

Kennenlernspiele, Auflockerungsspiele, Feedbackspiele und Interaktionsspiele

34,- Euro inklusive 3 Gratis-Jonglier-Bälle, Buch ohne Bälle 24,- Euro
28x19 cm, 133 Seiten, ISBN 978-3-930816-63-7

Didaktische Zaubermaterialien

Visualisieren und verankern Sie Ihre Lernziele mit zauberhaften Metaphern. Zum Beispiel mit dem Ziel-Pfeil-Phänomen. Der Pfeil zeigt in verschiedene Richtungen, je nachdem wie Sie die Karte halten. Eine verblüffende visuelle Metapher zum Thema Zielfindung.

Ziel-Pfeil klein
Durchmesser ca. 7 cm
Einzelpreis 3,- Euro
Seminarsatz 15 Stück: 25,-

Ziel-Pfeil groß
Präsentation vor Gruppen
Durchmesser ca. 19 cm
Einzelpreis 12,50 Euro

Multi-Pip klein
Größe ca. 8x5,5 cm
Einzelpreis 3,- Euro
Seminarsatz 15 Stück: 25,-

Multi-Pip groß
Präsentation vor Gruppen
Größe ca. 25,5x16 cm
Einzelpreis: 12,50 Euro

Team-Puzzle
Größe ca. 27x13 cm
Einzelpreis 3,- Euro
Seminarsatz 15 Stück: 15,- Euro

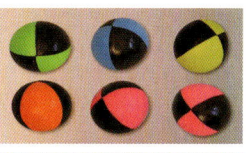

Jonglier-Bälle
70 mm Durchmesser, 130 Gramm,
1 Ball 4,90 Euro / 3 Bälle 14,40 Euro /
6 Bälle 27,60 Euro

Jonglier-Teller
24cm Durchmesser,
1 Jonglierteller mit Stab 3,50 Euro

Koosh Bälle
Durchmesser ca. 9 cm.
1 Ball 6,90 Euro / 3 Bälle 17,90 Euro

Schaumstoff-Würfel
Würfelfarbe: rot, deutlich ausgestanzte
Würfelaugen in gelb,
Größe 16 x 16 cm, 1 Würfel 6,50 Euro

Massagetiere
Die tierische Entspannung im Seminar.
6 Tiere: 42,00 Euro
12 Tiere: 78,00 Euro
24 Tiere: 144,00 Euro

Overhead-Zeigestab »Hand«
Material: farbiges Plexi, fluoreszierend,
durchscheinend, Maße: ca. 17 cm lang,
3 mm dick, Farbe: rot
Stück 5,- Euro / 5 Stück 20,- Euro

SCHILLING | VERLAG

www.schilling-verlag.de

Der Besuch im Internet lohnt sich!
Einblicke in alle Bücher, Bestellmöglichkeit und mehr ...

Kostenlose Downloads
Dateien, Checklisten, Cartoons, Videos und Bilder zum Thema: ✚
Projektmanagement ✚ Verkaufstraining ✚ Moderation ✚ Präsentation ✚
Verkauf ✚ Zeitmanagement ✚ Seminar-Spiele ✚ und mehr...

Viel Spaß beim Stöbern!

Schilling Seminare

SCHILLING | SEMINARE

www.schilling-seminare.de

Interesse an einem Seminar?

✚ Laptop-Beamer   ✚ Projektmanagement
✚ Präsentation   ✚ Zeitmanagement
✚ Moderationstraining   ✚ Train the Trainer

Interesse an einem Vortrag?

Lebendige, unterhaltsame und lehrreiche Vorträge für Tagungen und
Kongresse, z.B.:
✚ Wirkungsvoll präsentieren mit Laptop und Beamer
✚ Zauberkunst für Vorträge und Workshops

Rufen Sie mich an oder mailen Sie mir:
Dipl.-Ing. Dipl.-Päd. Gert Schilling
+49 (0)30 / 690 418 46 mail@gert-schilling.de

Kontaktdaten Verlag / Seminare

✚ Bestellformular: www.schilling-verlag.de
✚ per mail: mail@gert-schilling.de
✚ per Postkarte oder Brief:
Schilling Verlag - Dieffenbachstrasse 27- 10967 Berlin
✚ Fax: +49 (0)30 / 690 418 47
✚ oder Telefon: +49 (0)30 / 690 418 46

Versand: Ab 24,-Euro Bestellwert versandkostenfrei (Deutschland).
Bis 24,-Euro Bestellwert zzgl. 4,50 Euro Versandkosten.

Wir sind ein persönlicher Verlag. Bei Fragen und
Anregungen wenden Sie sich gerne an mich.

Ihr Gert Schilling